TUTTAVIA

(trotzdem)

Salate

Vorspeisen

Suppen

Pasta

Risotto

Fleisch

Fisch & Meer

Vegetarisch

Pinsa

Tuttavia!

oder

Wie ich trotz allem meinen Lebenstraum verwirklicht habe und jetzt auch noch ein Kochbuch schreibe.

Wenn man mein Leben mit einem Wort beschreiben wollte, dann wäre das ganz klar „Tuttavia". Aber Tuttavia, müsst Ihr wissen, kann man eigentlich nicht übersetzen. Also klar, Ihr findet natürlich Übersetzungen vom Wort, aber die Bedeutung, das ist ... das ist ... lasst es mich so sagen:

Ich bin weder Promikoch noch Influencer und mache trotzdem ein Kochbuch. Ich habe ein italienisches Restaurant, aber auf einer Insel, auf der die Einheimischen lieber spanisch essen. Mich und die Location unseres Lokals kennt kein Schwein und doch kommen die Leute extra her, um bei uns zu essen. Ich habe keinen Stern, koche jedoch ab und zu für Köche, die einen haben.
Oder mehrere.

Vielleicht brauche ich ja die Gegensätze, ein bisschen Widerstand, um meinen Kopf durchzusetzen. Oft kommt dabei etwas richtig Großartiges raus. Manchmal aber auch nicht. Das ist die Geschichte meines Lebens. Na ja, sagen wir mal „Teil eins". Denn „Tuttavia" bedeutet für mich auch: Ich bin noch nicht fertig!

Ich bin weder Promikoch
noch Influencer und mache
trotzdem ein Kochbuch.

Vorwort

Ja, was schreibt man denn in einem Vorwort?! Keine Ahnung, ich hab noch nie ein Kochbuch geschrieben!

Sagen wir's mal so: Was ich Euch gern mit auf den Weg geben möchte, ist meine Wertschätzung für gute Lebensmittel und für Qualität. Ich bin der Meinung, dass man für eine richtig gute Qualität auch mal auf etwas verzichten kann. Aber manchmal ist auch das Einfachste das Beste. Auf das richtige Maß kommt's eben an. Das gilt auch für die Zutaten in diesem Buch.

Ich muss nicht unbedingt immer einen Haufen Geld hinblättern und den Wocheneinkauf in einem Delikatessenladen erledigen. Ich muss beim Fleischkauf nicht unbedingt wissen, wie die Kuh hieß oder wie oft sie am Tag gestreichelt wurde. Aber es ist schon was Tolles, einen Metzger des Vertrauens zu haben, bei dem Du Dir sicher sein kannst, dass Dein Fleisch eine gute Qualität hat. Heutzutage haben aber auch viele Supermärkte einen guten Qualitätsstandard. Die Kombination macht's!

Zwei Dinge, auf die ich aber immer achte, sind Frische und nachhaltiger Anbau. Das muss sein. Kauft bewusst ein, denn mit gutem Gewissen schlemmt es sich gleich viel besser!

Ich bin ein Freund der einfachen und ehrlichen Küche. Manchmal sind nur ein paar Handgriffe nötig, um ein mega Gericht zu zaubern. Und manchmal dauert's halt auch etwas länger. Aber wenn man Spaß am Kochen hat, ist das ja auch voll o.k.

Mit meinem Kochbuch will ich Euch keine Vorschriften machen, wie Ihr was zubereiten sollt. Es ist eine Sammlung mit meinen Ideen, wie man Gerichte auch mal etwas anders machen kann, wie man kulinarisch aus der Reihe tanzt, ganz ohne Schäumchen und Häubchen. Nehmt es als Inspiration und macht was draus. Hauptsache einfach und gut.

Los geht's!

2006 Mallorca

1978

Tübingen

Aller Anfang ist unschlüssig

Wo fange ich an? Ach ja, vielleicht hier, im Jahr 1978. Da wurde ich geboren, in Tübingen und als Sohn zweier Italiener, die in ihrer Jugend als Gastarbeiter nach Deutschland kamen, um mit harter Arbeit eine sichere Zukunft für ihre Familie zu schaffen.

Mamma Franca ist Schneiderin und näht Trachten für Musikvereine und Berufsbekleidung, eine treue Seele, die schon seit mehr als 40 Jahren bei derselben Firma tätig ist, bei der sie mit 14 Jahren anfing zu arbeiten. Papa Gerardo begann für die damaligen Verhältnisse ganz klassisch als Fabrikarbeiter, merkte jedoch schnell, dass Fabrikarbeit nicht seins ist. Zum Glück! Denn er wechselte in die Gastronomie und der aufmerksame Leser wird bereits ahnen, was dies alles für Folgen hatte.

Kulinarisch hatte mein Vater offenbar wenig Berührungsängste (oder wenig Wahlmöglichkeiten) und startete zunächst in einer Tübinger Pommesbude. Nun ja, wir müssen alle irgendwo anfangen. Dazu später mehr. Kurze Zeit danach bot sich schon eine Stelle als Kellner in einer Pizzeria an und es dauerte nicht lange, bis sein Freiheitsdrang und sein Geschäftssinn ihn zu seinem ersten eigenen Lokal führten: 1986 eröffnete er gemeinsam mit seinem Bruder die Pizzeria „Vesuvio“ (googelt man heute den Namen Pizzeria Vesuvio, erhält man in etwa acht Millionen Ergebnisse, aber damals war das im Trend und außerdem gab es noch kein Google).

Das Vesuvio war nicht nur finanzielles und existenzielles Standbein für zwei italienische Großfamilien, es war auch meine gastronomische Grundausbildung. Denn ein familiengeführtes Restaurant hieß damals wie heute: Alle helfen mit. Pizzakartons falten, Keller putzen, Apfelschorle ausschenken. Schon mit zarten 14 Jahren war ich selbst in den Sommerferien voll im Restaurantbetrieb eingebunden und wurde den Küchengeruch nicht wieder los.

Um mir etwas Freizeit zu verschaffen, beschloss ich, eine Lehre anzufangen. Wie es manchmal im Leben (zumindest in meinem) so kommt, wurden aus einer Lehre schließlich vier bis fünf, als Einzelhandelskaufmann, im Tiefbau, als Mechaniker und schlussendlich sogar als Maler, bis ich im zweiten Lehrjahr dann doch feststellen musste, dass in meinen Adern wohl eher Tomatensauce als Dispersionslack fließt. Mit 18 habe ich dann eine Kochlehre in einem Landgasthof abgeschlossen. Ich hatte mich für meinen Weg entschieden: Ich werde Gastronom!

Ich
habe keinen Stern,
koche jedoch ab und
zu für Köche,
die einen haben.

Die Liebe meines Lebens fand ich in der Küche

Im Vesuvio gab es Lasagne, Pasta al Forno, Spaghetti Carbonara, Spaghetti Bolognese und Pizza. Was es nicht gab, waren kulinarische Überraschungen. Meine Leidenschaft für die Küche würde ich im elterlichen Lokal also nicht finden. Dafür fand ich eine andere. Sie hieß Eni.

Eni war frisch geschieden (also frei für mich), die Schwester meines Freundes und ein Gastronomenkind wie ich. Das verband uns schon mal. Darüber hinaus kannten sich unsere Familien gefühlt schon immer, schließlich waren sie quasi mit demselben Zug als Gastarbeiter in Tübingen eingerollt. Das Restaurant von Enis Eltern lag in genau 80 Meter Luftlinie vom Vesuvio entfernt, spielte aber in einer ganz anderen Liga. Die „Lustnauer Mühle" war zu dieser Zeit das In-Restaurant der Region. Die hatten immer etwas Neues auf Lager beziehungsweise auf dem Herd und waren echte kulinarische Vorreiter in der italienischen Küche.

Eni und die Küche ihrer Eltern inspirierten mich. Ich wollte kulinarisch endlich auf eigenen Füßen stehen. So verließ ich die Komfortzone des Vesuvio, heuerte in der Kneipe eines Freundes als Barmann an und hielt die Augen auf nach meiner großen Chance. Diese kam in Form eines kleinen Lokals.

Enis Eltern Nico und Elvira (meine zukünftigen Schwiegereltern, aber ich will noch nicht zu viel verraten) hatten das Bistro „Degustibus" in der Tübinger Innenstadt übernommen und boten mir an, dort zu arbeiten – zusammen mit Eni, die das Lokal leitete. Zwar war es erst mal nur ein Job als Kellner, aber dafür zusammen mit meiner Traumfrau, das war schon sehr nahe dran an meinen Wunschvorstellungen! Und es wurde noch besser. Allerdings musste es dazu erst einmal schlechter werden: Das Degustibus erfolgreich aufzubauen, erwies sich als schwieriger als gedacht. Das ohnehin recht kleine Lokal hatte keine Terrassenlizenz, was das Geschäft im Sommer deutlich schmälerte. So entschied sich Nico nach zwei Jahren, das Degustibus wieder zu verkaufen. Da war sie: unsere Gelegenheit!

Kurz bevor Nico den Verkauf dingfest machen konnte, unterbreiteten Eni und ich ihm unser Angebot. Nico war wenig begeistert. Vermutlich wollte er seiner Tochter ein Schicksal als erfolglose Gastronomin ersparen, denn er sah kein Potenzial mehr in diesem Lokal. Doch wir wussten es besser. Immerhin war ich schon 23 Jahre alt, hatte jede Menge Erfahrung und Tatendrang! Mit sehr viel Überzeugungsarbeit brachten wir Nico so weit, uns diese Chance zu geben. So wurde das Degustibus im Jahr 2001 mein beziehungsweise unser erstes Restaurant. Und unsere erste große gemeinsame Herausforderung.

Eni

Vom Schuldenberg hinauf in den Zenit

Ein kleiner Tipp, falls Ihr mit dem Gedanken spielt, gemeinsam mit Eurem Partner oder Eurer Partnerin ein Restaurant zu eröffnen oder zu übernehmen: Macht es nicht. Es sei denn, es ist Euer Lebenstraum, denn dann müsst Ihr es machen. Und ich musste es einfach machen.

Jetzt waren wir also Restaurantbesitzer, oder um in der Gastronomensprache zu bleiben: Jetzt hatten wir den Salat. Wir saßen auf knapp 100.000 € Schulden und waren beide noch ganz grün hinter den Ohren, was den Betrieb eines Lokals angeht. Aber das war genau das, was ich brauchte. Den Druck, es mir und allen anderen zu beweisen. Und zum Glück hatte ich Eni an meiner Seite, meine bessere Hälfte, die bei allem mitzog, auch wenn es kein Zuckerschlecken war.

Eni und ich arbeiteten im wahrsten Sinne des Wortes bis zum Umfallen. Tage mit 16 bis 18 Stunden waren normal. Wir zogen in eine Wohnung über dem Restaurant, um noch mehr leisten zu können und beim Umfallen gleich im Bett zu landen.

Unser Leben drehte sich nur noch um unser Geschäft. Ich las keine Zeitung mehr, ich las nur noch Kochbücher. Ich schaute keinen Fußball mehr, ich schaute nur noch Kochsendungen. Wir gingen nicht mehr einfach essen, wir „degustierten" in gefühlt allen Restaurants Baden-Württembergs (wahrscheinlich waren es in Wirklichkeit nur 99 Prozent). Wir holten uns Inspiration aus den Küchen dieser Welt, wir hörten genau hin, was unsere Gäste wollten, was sie im Italienurlaub so Tolles gegessen hatten – und wir begannen, all das umzusetzen. So ersetzten wir „eingedeutschte" Gerichte durch authentische Zubereitungen (denn Carbonara macht man bei uns mit Ei und Parmesan, nicht mit Sahnesauce) und servierten mehr und mehr Spezialitäten wie beispielsweise Hummerravioli mit Meeresalgen.

Nach einem Jahr Diskussion mit der Stadt bekamen wir endlich unsere Terrassenlizenz. Ein Lichtblick in jeder Hinsicht! Wir gestalteten das Lokal um und aus dem Kaffeebar-Look mit Holz und Wandmalereien wurde ein hochwertiges Restaurant mit Lederstühlen und ordentlichen Tischdecken. So verwirklichten wir nach und nach unsere persönlichen Ideen und Vorstellungen und wurden tatsächlich immer erfolgreicher – die Leute kamen doch tatsächlich von weit her, um bei uns zu essen!

Vier Jahre nach unserer Übernahme war unser kleines Restaurant im Zenit des Möglichen angelangt und wurde zu der Top-Adresse in Tübingen.

Vielleicht brauche
ich ja die Gegensätze,
ein bisschen Widerstand,
um meinen Kopf
durchzusetzen.

Auswandern für Anfänger

Habe ich vor lauter Arbeit etwa vergessen, unsere Familie zu erwähnen? Die hatten wir natürlich auch noch! Eni brachte aus ihrer ersten jungen Ehe ihren kleinen Sohn Luca mit. Und die wenige Zeit, die wir neben dem Arbeiten hatten, nutzten wir unter anderem dazu, unsere Familie zu erweitern: 2004 und 2005 kamen unsere beiden Kinder Alessia und Daniele zur Welt. Die Familie war komplett! In einer Mittagspause im Dezember 2004 heirateten wir.

Nach fünf Jahren Degustibus, drei Kindern und kaum genügend Zeit zum Atmen kam mir dann der naheliegende Gedanke: Da geht noch mehr!

Meine Schwiegereltern fassten nämlich den Plan, nach Mallorca auszuwandern, in die Heimat von Enis Mutter Elvira. Das schien mir zu jenem Zeitpunkt eine gute Idee zu sein. Eni musste ich das nicht groß schmackhaft machen. Sie war zu allem bereit, was es ihr ermöglichte, etwas kürzer zu treten und mit unseren Kids auch mal etwas Zeit außerhalb der Küche zu verbringen.

So beschlossen wir 2006, ganz kurz vor dem bevorstehenden gemeinsamen Burn-out, unser gesamtes Leben nach Mallorca zu verlagern. So richtig durchdacht hatte ich die ganze Angelegenheit nicht, aber mit meiner Devise, einfach mal zu machen und dann mal zu sehen, war ich bislang ja nicht schlecht gefahren. Zudem sprach meine Frau als Halbspanierin ja die Landessprache, was sollte also passieren.

Über die Kontakte meines Schwiegervaters (gute Kontakte sind in der Gastronomie das Salz in der Suppe!) bekam ich den Job als Geschäftsführer im Restaurant des Pula Golf Resorts in Son Servera, im Osten Mallorcas. Das Pula-Restaurant war zu diesem Zeitpunkt geschlossen und ich war voller Elan, wieder ein neues Projekt zu starten und ein neues Lokal erfolgreich aufzubauen. Ich war so aufgeregt, dass ich eine Weile brauchte, um festzustellen, dass auf Mallorca alles etwas anders ist. Sehr viel anders.

Ich habe ein italienisches Restaurant, aber auf einer Insel, auf der die Einheimischen lieber spanisch essen.

Achteinhalb Restaurants und ein Todesfall

In einem mediterranen Land die Küche eines anderen mediterranen Landes zu platzieren, ist gar nicht so einfach. Als italienischer Gastronom auf einer spanischen Insel fühlte ich mich kulinarisch in die 80er- und 90er-Jahre zurückversetzt. Italienische Esskultur – das waren hier Bolognese und Carbonara. Ich hatte einen Vesuvio-Flashback. Im Golfclubrestaurant fiel es mir schwer, die Menschen für die etwas andere italienische Küche zu gewinnen. Ich brauchte etwas Eigenes.

Mein erster Versuch eines eigenen Restaurants in Manacor scheiterte dann allerdings nicht am Essen (im Gegenteil: Die Gäste waren begeistert!), sondern an den Verträgen. Die Vorbesitzer wollten uns über den Tisch ziehen, während wir doch nur Speisen darauf servieren wollten!

Ich war frustriert. Über ein Jahr auf Mallorca und noch nichts war mir so richtig gelungen! Ich hatte viel zu viel Freizeit! Die Rettung kam wie so oft von der Familia: Meine Schwiegereltern Nico und Elvira luden uns ein, mit ihnen gemeinsam das traditionell italienische „Peperoncino" in Son Servera zu führen und dort zusammenzuarbeiten. Arbeiten! Endlich wieder!

Wir eröffneten das Peperoncino im April 2008 und hatten einen großartigen Start – mit mir als Chefkoch und Eni als Cheforganisatorin sowie im Service. Im September 2008 verstarb Nico. Ganz plötzlich. Ein Schock für alle. Und nicht nur der große menschliche Verlust warf uns aus der Bahn: Nico war immer der Drahtzieher und Möglichmacher für alle gewesen, auf einmal waren wir auf uns alleine gestellt.

Wir standen Elvira im Peperoncino bei, doch es war nicht das ganz eigene Lokal, das ich mir erträumte. Wir probierten mehrere Geschäftsideen aus, um uns einen Namen zu machen, gründeten eine Eisdiele, eine Tapas-Bar und vier Take-away-Pizzerien gleichzeitig. Der große Durchbruch blieb aus. Nach und nach verkauften wir alles wieder, ohne dabei auch nur einen Cent zu verdienen.

Im Jahr 2015, sieben Jahre nach Nicos Tod, machten wir meiner Schwiegermutter schließlich das Angebot, das Peperoncino zu übernehmen. Eine Win-win-Situation: Elvira konnte endlich in den wohlverdienten gastronomischen Ruhestand gehen und wir konnten uns auf ein Restaurant konzentrieren. Es war – wieder einmal – eine der besten Entscheidungen meines Lebens.

Die Wiedergeburt des Peperoncino

Luca war mittlerweile 17 Jahre alt. Oder wie man bei uns im schwäbisch-italienischen Familienbetrieb sagt: eine volle Arbeitskraft. Vier Jahre lang, bis 2019, führte ich das Peperoncino mit ihm und Eni mehr oder weniger weiter wie bisher. Dann bekam ich wieder einen meiner berühmten Rappel und wir beschlossen, das Restaurant zu renovieren, nein, besser: von Grund auf zu sanieren.

Dabei half uns der Privatkredit eines unserer Stammgäste, der an meine Vision glaubte – und der sich wohl auch ein schöneres Ambiente wünschte als die rustikale Einrichtung meiner Schwiegereltern. So hatten wir wieder einmal die Möglichkeit, alles auf eine Karte zu setzen. Und, was soll ich sagen, ich glaube, die Karte war ein Trumpf-As.

Das neue Peperoncino ist ein richtig modernes, innovatives Restaurant geworden. Wir haben nicht nur das Design für unsere Gäste mit liebevollen Details schöner und komfortabler gemacht, sondern auch hinter den Kulissen alles so angepasst, dass wir noch besser und entspannter arbeiten können. Und natürlich wurde auch die Speisekarte runderneuert, beispielsweise mit kulinarischem Cross-over zwischen Italien und Asien. Aber keine Sorge: Im Kern kochen wir immer noch Italien pur!

Das Peperoncino ist heute die Summe aller unserer Ideen, unserer Erfahrungen, unseres Wissens und unserer Visionen. Es ist endlich ganz und gar unser Peperoncino. Ein Restaurant, in dem ich meine Vorstellung von gutem Essen jeden Tag Wirklichkeit werden lassen kann, in dem ich mit meinem Team in jedem Gericht Innovation und Tradition vereine und in dem ich versuche, jeden Tag die beste Version von mir selbst zu sein.

Sind wir damit angekommen? Bin ich jemals angekommen? Ratet mal.

Buon appetito! Buen provecho¡ An Guada!

Euer

Giuseppe

Ich bin
ein Freund der einfachen
und ehrlichen Küche

Rezepte

ROLEX
ROLEX

Salate

Gegrillter Tomatensalat

Da mein Vater ein absoluter Dauergriller ist, lag es nahe, auch dem Salat etwas Gegrilltes beizufügen. Holt Euch dafür am besten leckere, reife Bio-Tomaten, haut sie auf den Grill und Ihr werdet staunen, welche Aromen dieses sensationelle Gemüse noch parat hat. So einfach und doch so einzigartig!

Für 4 Portionen
Fertig in ca. 30 Minuten

800 g Cime di Rapa (Stängelkohl)
800 g Tomaten (reif und fest)
3 Knoblauchzehen
1 Bund Basilikum
1 Bund Petersilie
100 g Parmesan (am Stück)
etwas Olivenöl
Salz und Pfeffer

Cime di Rapa waschen, zupfen und in reichlich Salzwasser ca. 20 min kochen.

Abgießen und beiseitestellen.

Tomaten waschen, abtrocknen, vierteln und Strünke entfernen.

Basilikum und Petersilie waschen, abtupfen, klein hacken und vermischen.

Knoblauch ebenfalls klein hacken.

Die Tomaten in einer Grillpfanne mit 3 EL Olivenöl beidseitig grillen, insgesamt ca. 10 min. Währenddessen mit den Kräutern, Salz und Pfeffer würzen.

Cime di Rapa in einer anderen Pfanne mit 4–6 EL Olivenöl und dem Knoblauch anschwitzen.

Die noch heißen Tomaten auf flache Teller verteilen, warmen Cime di Rapa auf die Tomaten legen, mit Parmesanspänen bestreuen und mit etwas nativem Olivenöl beträufeln. Schmecken lassen!

Jungsalat mit Ziegenkäse

Mal Lust auf Abwechslung beim Salat? Dann probiert mal diese schöne leichte Sommervariante. Und wenn Ihr neue Freunde haben wollt, bringt Ihr ihn ab sofort auf jede Party mit.

Für 4 Portionen
Fertig in ca. 30 Minuten

400 g junge Salatblätter
4 Stück Ziegenkäse (gereift) à 100 g
50 g Rosinen
100 g Kürbiskerne
150 g gelbe Cherrytomaten (vom Strauch)
2 Frühlingszwiebeln
2 TL Balsamico
1 TL Honig
1 TL milden Senf
4 TL Olivenöl
30 g braunen Zucker

Salat waschen, trocknen und wenn Ihr wollt, mundgerecht zupfen.

Tomaten waschen und vierteln.

Kürbiskerne in der Pfanne rösten und beiseitestellen.

Frühlingszwiebeln waschen und in feine Ringe schneiden.

Ziegenkäse in dicke Scheiben schneiden und mit dem braunen Zucker bestreuen.

In eine heiße Pfanne legen und 2 min pro Seite goldbraun karamellisieren.

In einer kleinen Schüssel Balsamico, Honig, Senf und Olivenöl vermischen.

Salat auf 4 Teller verteilen, in die Mitte den Ziegenkäse, drum herum Rosinen, Cherrytomaten und Kürbiskerne. Dressing drüber und genießen.

Pastasalat

Seit meine Tochter kauen kann, hat sie sich diesen Salat jedes Jahr zum Geburtstag gewünscht. Damit haben Mama und Papa McDonalds jedes Mal um Längen geschlagen. Im Sommer eine mega Alternative zum warmen Mittagessen (auch wenn man nicht Geburtstag hat)!

Für 4 Portionen
Fertig in ca. 30 Minuten

400 g Pasta (Fusili)
260 g Thunfisch
400 g Cherrytomaten
200 g Mozzarellaperlen
60 g schwarze Oliven
6–8 EL Olivenöl
1 Bund Basilikum

Pasta nach Packungsangabe in reichlich Salzwasser „al dente“ kochen.

Abgießen und gleich mit sehr kaltem Wasser abschrecken.

Abtropfen lassen und in eine Schüssel geben. Im Kühlschrank kalt stellen.

Cherrytomaten waschen, vierteln und in eine Salatschüssel geben.

Thunfischfilet abtropfen lassen und hinzufügen.

Oliven entkernen, Basilikum zupfen und alles in die Salatschüssel.

Mozzarellaperlen abgießen und ebenfalls dazugeben.

Alles gut mit der kühlen Pasta vermengen und mit Salz, Pfeffer und Olivenöl abschmecken.

Auf Teller verteilen oder gemeinsam aus der großen Schüssel essen.

Wenn Ihr etwas Zeit habt, noch ein paar Stunden zugedeckt im Kühlschrank lassen, schmeckt sogar noch besser!

Aquasale mit Orangen

Sich mal kurz heim nach Sizilien zu „beamen“, ist leichter als gedacht – dieser Salat macht's möglich! Wichtig ist hier die Qualität der Produkte: Investiert ruhig ein paar Euro mehr in Bio-Gemüse und bestes Olivenöl aus Süditalien, die San-Marzano-Tomaten sind besonders geschmacksintensiv und auch gute, saftige Orangen sind ausschlaggebend für den Geschmack. Dann wird Euch dieser fruchtige Salat umhauen und Ihr kommt auf Sizilien wieder zu Euch!

Für 4 Portionen
Fertig in ca. 30 Minuten

1 kg San-Marzano-Tomaten
2 rote Zwiebeln
2 Salatgurken
2 Orangen
1 Knoblauchzehe
1 Bund Oregano (frisch)
4 Scheiben Ciabattabrot
200 ml natives Olivenöl
250 ml Wasser
Salz und Pfeffer

Ciabattabrot in größere Würfel schneiden und in der Pfanne mit Olivenöl anbraten, bis die Croutons goldbraun sind. Auf Küchenpapier beiseitestellen.

Tomaten achteln und Strünke entfernen.

Gurken schälen, vierteln und in 3 cm große Stücke schneiden.

Zwiebeln schälen, halbieren und in feine Scheiben schneiden.

Knoblauch schälen und fein hacken.

Orangen schälen und filetieren.

Alles in eine große Schüssel geben und mit dem Oregano vermengen.

Wasser und restliches Olivenöl dazugeben.

Reichlich mit Salz und Pfeffer würzen und abschmecken.

Die Ciabattacroutons darüber verteilen und servieren.

Kichererbsensalat mit Thunfisch

Angeblich sollen wir ja alle mehr Hülsenfrüchte essen. Na dann: Hier mein Beitrag.

Für 4 Portionen
Fertig in ca. 30 Minuten

1 Glas Kichererbsen (abgetropft 540 g)
300 g Thunfischsteaks (frisch)
1 Bund Minze
8 gedörrte Pflaumen
1 rote Zwiebel
30 g schwarzen Sesam
10 Cherrytomaten
100 ml Olivenöl
2 Zitronen
1 TL Sesamöl
1 TL Agavensirup
4 Tropfen grünen Tabasco
Salz und Pfeffer

Kichererbsen in einem Sieb mit reichlich Wasser ausspülen.

Minze waschen, abtupfen und fein hacken.

Zwiebel schälen, halbieren und in feine Scheiben schneiden.

Gedörrte Pflaumen fein hacken.

Thunfischsteaks in Sesam wenden und bei starker Hitze in einer Pfanne 1 min pro Seite anbraten. Dann abkühlen lassen und in ca. 1 cm große Stücke würfeln.

Cherrytomaten waschen und vierteln.

Alle Zutaten in eine große Schüssel geben und mit Sesamöl, Zitronensaft, Agavensirup und Tabasco durchmischen.

Mit Salz und Pfeffer abschmecken. Nach Bedarf nachwürzen.

Bohnensalat

Als Beilage habt Ihr den schon oft gesehen. Hier ist die vollwertige Salatvariante dazu. Nicht neu erfunden, aber sehr schmackhaft!

Für 4 Portionen
Fertig in ca. 40 Minuten

800 g grüne Bohnen
5 gelbe Cherrytomaten
5 rote Cherrytomaten
200 g Pancetta
4 EL Olivenöl
2 EL Rotweinessig
2 kleine Zwiebeln
Salz und Pfeffer

Bohnenspitzen an beiden Seiten abbrechen oder abschneiden und die Bohnen in einem Sieb unter klarem Wasser abwaschen.

Bohnen in Salzwasser ca. 20 min kochen, dann absieben und in einer Schüssel mit Eiswasser abschrecken. So bleiben Farbe und Vitamine erhalten.

Zwiebeln schälen, halbieren und in feine Scheiben schneiden.

Die Zwiebeln in etwa 100 ml Salzwasser 20 min garen. Abgießen und beiseitestellen.

Pancetta in 3 cm große Stücke würfeln und in einer Pfanne mit 2 EL Olivenöl kross braten. Anschließend die Zwiebeln dazugeben und für weitere 3 min anbraten.

Alle Zutaten in einer großen Schüssel vermengen.

In einer kleinen Schüssel die Vinaigrette anrühren und darübergießen. Mit schwarzem, frisch gemahlenem Pfeffer würzen und alles noch mal abschmecken, bis es Euch gefällt.

Chicorée mit geräucherten Sardellen

Das Geheimnis dieses Rezepts ist die richtige Fischkonserve. Ihr werdet staunen, welche Qualität in den ansonsten gerne verpönten Dosen steckt! Am besten kauft Ihr Euch in einem Delikatessenladen (oder, noch besser, bei Eurem nächsten Spanienbesuch) konservierte Sardellen in hochwertiger Qualität. Die Spanier sind bekannt für ihre guten Fisch- und Meeresfrüchtekonserven. Und wenn Ihr demnächst nicht in einer spanischen Hafenstadt vorbeikommt, werdet Ihr auch im Internet fündig.

Für 4 Portionen
Fertig in ca. 20 Minuten

4 Stück Chicorée
1 Apfel
8 Cherrytomaten
1 Dose geräucherte Sardellen
2 gekochte Eier
200 g Manchego-Käse (am Stück)
100 g schwarze Oliven
3 EL Olivenöl
4 EL Walnussessig
1 TL mittelscharfen Senf
1 EL Honig
1 EL milde Sojasauce

Chicoréeblätter längs in Hälften schneiden.

Cherrytomaten halbieren.

Apfel in dünne Scheiben schneiden.

Die gekochten Eier vierteln.

Den Manchego mit einem Gemüseschäler hobeln.

Chicorée fächerartig auf den Tellern verteilen, die geräucherten Sardellen darüberlegen und mit den Eiern garnieren.

Die restlichen Zutaten zwischen dem Chicorée verteilen.

Dressing aus Öl, Essig, Honig, Senf und Sojasauce anrühren, abschmecken und über den Salat gießen.

Vorspeisen

Boquerones

Frische Sardellen sind was Tolles! Im Zitronensaft gezogen, zart und fein, da scheint gleich die Sonne durch Euer Küchenfenster rein. Dieses Gericht beherrscht meine Schwiegermutter Elvira absolut perfekt, da kann man nichts verbessern, deshalb hier Elviras Originalrezept (mit ihrer Erlaubnis).

Für 4 Portionen
Fertig in ca. 45 Minuten

40 frische Sardellen
2 TL Fenchelsamen
1 TL Chiliflocken
2 unbehandelte Zitronen
150 ml Olivenöl

Sardellenköpfe abzwicken und die Innereien herausziehen.

Fische mit Küchenpapier abtupfen, dann die Bäuche mit Daumen und Zeigefinger öffnen.

Die Mittelgräte herausziehen – jetzt lassen sich die Fische flach aufklappen und Ihr könnt die Schwänze entfernen.

Sardellen in eine flache Schale legen, mit Fenchelsamen und Chiliflocken bestreuen.

Schale einer halben Zitrone reiben, die abgeriebene Schale und den Saft der beiden Zitronen sowie 2 EL Öl hinzufügen.

Die Sardellen behutsam mit den Fingern im Dressing wenden.

Den Rest vom Dressing darübergießen und ca. 20 min marinieren.

Sardellen aus der Marinade nehmen und servieren.

Carpaccio Albese

Ein Gericht aus dem Norden Italiens, wo man mehr rohes Fleisch isst, denn bei uns im Süden muss eigentlich jedes Fleisch immer durch sein, am liebsten geschmort. Mit diesem Carpaccio hatte ich aber ein echtes Wow-Erlebnis, als ich es zum ersten Mal in Mailand gegessen habe. Also kam es gleich mit auf die Speisekarte. Wichtig: Achtet auf tagesfrisches Fleisch vom Metzger Eures Vertrauens.

Für 4 Portionen
Fertig in ca. 10 Minuten

340 g Kalbsfilet (tagesfrisch, am Stück)
30 g Pecorino Romano (am Stück)
1 Zitrone
50 g Olivenöl
100 g Staudensellerie
Salz und Pfeffer

Kalbsfilet mit einem sehr scharfen Messer in dünne Scheiben schneiden und auf Backpapier auslegen.

Mit einem weiteren Backpapier bedecken und mit dem Fleischklopfer vorsichtig in noch dünnere Scheiben klopfen.

Die Fleischscheiben flach auf den Tellern verteilen.

Zitrone auspressen.

In einer extra Schüssel Zitronensaft, Olivenöl, Salz und frisch gemahlenen Pfeffer vermischen.

Sellerie waschen, schälen und in sehr feine Scheiben schneiden.

Pecorino mit dem Gemüseschäler hobeln.

Die Zitronenvinaigrette auf die Fleischscheiben pinseln, mit Sellerie und Pecorinospänen belegen und ganz nach Geschmack Pfeffer darübermahlen.

Cozze al Vapore

In der Generation meines Opas hat man am Hafen von Apulien die rohen Miesmuscheln noch morgens mit einem Peroni-Bier zum Frühschoppen geschlürft. Das war für mich jetzt nicht so appetitlich, aber gedämpft sind die Cozze wirklich großartig. Bitte unbedingt ohne Besteck essen, dann schmeckt es besser und ist auch lustiger! Und auf jeden Fall frisches Brot dazu reichen, denn im Sud steckt der beste Geschmack.

Für 4 Portionen
Fertig in ca. 30 Minuten

3 kg Miesmuscheln
2 Zwiebeln
4 Knoblauchzehen
4 EL Olivenöl
1 Bund Petersilie
500 ml Weißwein
200 ml Wasser
4 Scheiben Ciabattabrot

Miesmuscheln gründlich mit Wasser waschen und gegebenenfalls auch putzen. Muscheln, die sich schon geöffnet haben, sicherheitshalber entsorgen.

Petersilie abwaschen, trocken tupfen und klein hacken.

Zwiebeln und Knoblauch schälen und klein hacken, in einem großen Topf in Olivenöl anschwitzen.

Miesmuscheln dazugeben, Petersilie darüber und nach Bedarf salzen und pfeffern. Zugedeckt ca. 5 min dämpfen lassen.

Weißwein und Wasser dazugeben und wieder zudecken.

Etwa 5 min bei starker Hitze köcheln lassen, gegebenenfalls einmal umrühren.

Wenn die Muscheln sich durch die Hitze geöffnet haben, die geschlossenen aussortieren und entsorgen.

In großen tiefen Tellern oder einer großen Schale anrichten und gemeinsam genießen.

Bruschetta Burratina

Ich liebe getoastetes Brot mit Olivenöl und ich liebe Burratina, meine Frau liebt Cime di Rapa (deutlich mehr als ich). Also haben wir mal eine Kombi probiert, die uns überraschenderweise beiden schmeckt. Sehr gesund und auch mega lecker! Eine schnelle, einfache Vorspeise, mit der man aber auch zum Abendbrot satt wird.

Für 6 Portionen
Fertig in ca. 30 Minuten

6 Scheiben Bauernbrot
500 g Burrata
800 g Cime di Rapa (Stängelkohl)
1 Knoblauchzehe
1 Chilischote
4 EL Olivenöl
Salz und Pfeffer

Cime di Rapa putzen und Stängel längs halbieren, damit das Gemüse gleichmäßig gart.

Den so geschnittenen Kohl 7–8 min in reichlich Salzwasser kochen. Abgießen und abkühlen lassen.

Den Backofen schon mal auf 200° (Ober-/Unterhitze) vorheizen.

Knoblauchzehe nur schälen, Chili in feine Ringe schneiden.

In einer Pfanne die ganze Knoblauchzehe und die Chiliringe andünsten.

Den abgekühlten Stängelkohl hinzufügen und bei schwacher Hitze ca. 5 min anbraten.

Die Brotscheiben auf dem Backofengitter verteilen und 10 min goldbraun backen.

Das knusprige Brot auf eine Servierplatte legen, Cime di Rapa auf die Scheiben verteilen, Burrata etwas auseinanderziehen und auflegen.

Mit etwas Olivenöl, Salz und Pfeffer garnieren und – ganz wichtig: Mit den Händen essen und genießen!

Mediterrane Bruschetta

Das ist ein Gericht, das meine ganze Familie an den Tisch bringt: Mein Vater ist ein leidenschaftlicher Griller, mein Onkel ist total verrückt nach Feigen und fährt in ganz Mallorca herum, um sie von den Bäumen zu holen, meine Mutter liebt Serranoschinken und meine Tante ihre Taleggiosauce. Das hier ist also sozusagen ein hochkarätiges Resteessen mit den Lieblingszutaten meiner Familie und es ist wirklich der Knaller, den es inzwischen bei uns jedes Jahr gibt!

Für 6 Portionen
Fertig in ca. 20 Minuten

200 g Taleggio
100 g Camembert
100 g Frischkäse
100 g weiche Butter
6 getrocknete Tomaten
4 Stängel Basilikum
1 Schalotte
1 Prise Cayennepfeffer
6 Scheiben Ciabattabrot
12 Scheiben Serranoschinken
12 Feigen
2 Knoblauchzehen
4 EL Honig
1 EL Olivenöl
1 kleinen Bund Schnittlauch

Backofen auf 200° Ober-/Unterhitze vorheizen.

Schalotte und Knoblauch schälen und fein hacken, mit dem Olivenöl in einer Pfanne goldbraun andünsten. Beiseitestellen und abkühlen lassen.

In eine Schüssel Taleggio, Camembert, Frischkäse und die grob geschnittenen getrockneten Tomaten hineingeben.

Dazu kommen jetzt die gedünstete Zwiebel und der Knoblauch samt dem Öl aus der Pfanne. Außerdem Basilikum, Cayennepfeffer und die weiche Butter.

Alles mit einem Stabmixer verrühren, bis die Käsecreme schön samtig ist.

Die Feigen vierteln und auf einem Backpapier verteilt aufs Backblech legen. Mit dem Honig bestreichen und 10 min im Ofen karamellisieren lassen.

Die Ciabattascheiben entweder im Ofen goldbraun aufbacken oder kurz in den Toaster stecken – Hauptsache knusprig.

Den Taleggio-Aufstrich auf die getoasteten Brotscheiben streichen.

Die Feigen darauf verteilen. Aus dem Serranoschinken kleine Nester formen und diese zwischen die Feigen legen. Jetzt noch mit fein gehacktem Schnittlauch bestreuen – Wahnsinn!

Insalata di Polipo

Achtung, Challenge! Den Oktopussalat, der im Urlaub so lecker war, zu Hause nachzumachen, das trauen sich die wenigsten. Dabei ist es eigentlich ganz leicht, wenn man mal den Dreh raushat. Wer es sich noch einfacher machen möchte, kauft den Oktopus tiefgefroren und vorgekocht, dann muss er nur noch auftauen und mariniert werden. Schmeckt genauso gut! Habe ich übrigens zum ersten Mal in meiner Jugend auf Korsika im Fußballcamp gegessen und ist seither einer meiner top Lieblingssalate.

Für 4 Portionen
Fertig in ca. 1 Stunde

1 kg Oktopus
2 Lorbeerblätter
1 Karotte
250 g frische Cherrytomaten
1 Bund Petersilie
2 Zitronen
3 Knoblauchzehen
6 EL Olivenöl
Salz und Pfeffer

Den Oktopus putzen. Innereien, Schnabel sowie Augen entfernen.

Den Oktopus mit einem Fleischklopfer gut durchklopfen, den entstehenden Schaum mit frischem Wasser abwaschen.

Einen Topf mit reichlich Wasser füllen, zerkleinerte Karotte, Lorbeerblätter und frisch gemahlenen Pfeffer dazugeben (nicht salzen!).

Sobald das Wasser kocht, den Oktopus an einer Küchenzange o. Ä. dreimal schnell ins kochende Wasser tauchen und kurz zur Seite legen.

Nun auf geringe Hitze reduzieren und den Oktopus im Topf köcheln lassen. Je 500 g Oktopus rechnet man mit 25–30 min Kochzeit.

Der Oktopus ist gar, wenn man die Spitze einer Gabel leicht in einen Fangarm stechen kann. Dann den Topf vom Herd nehmen und den Oktopus darin auskühlen lassen.

Je nach Vorliebe die Haut entfernen, den Oktopus in Stücke schneiden und in eine Schüssel geben.

Cherrytomaten schneiden, Knoblauch und Petersilie fein hacken, Zitrone auspressen und alles zum Oktopus hinzugeben. Gut vermischen.

Mit Olivenöl, Salz und Pfeffer abschmecken und anrichten. Geschafft – Glückwunsch!

Vitello Tonnato

Für mich eine der besten Vorspeisen überhaupt. Mayonnaise könnte ich ohnehin den ganzen Tag löffeln, in der Kombi mit Thunfisch, Kapern und Sardellen ist das für mich die Sauce schlechthin, da dürfte man wegen mir sogar das Kalbfleisch weglassen. Am besten mit frischem Brot genießen. Wenn Ihr noch Platz für einen Hauptgang lassen wollt, reicht Ihr stattdessen leckere Grissini dazu.

Für 6 Portionen
Fertig in ca. 45 Minuten

750 g Kalbsnuss
150 g Mayonnaise
100 g Stielkapern
40 g Sardellenfilet
150 g Thunfisch in Olivenöl
200 g Karotten
100 g Zwiebeln
2 Lorbeerblätter
250 g Staudensellerie
150 ml Weißwein
100 ml Rinderbrühe
60 ml Apfelessig
6–8 EL Sonnenblumenöl
1 Bund Schnittlauch
150 g Strauch-Cherrytomaten
Salz und Pfeffer

Karotten, Zwiebeln und Sellerie waschen und grob schneiden.

Den Backofen schon mal auf 200° Umluft vorheizen.

Kalbsnuss nach Bedarf salzen und pfeffern und kurz in der Pfanne in heißem Sonnenblumenöl anbraten, bis eine schöne goldbraune Kruste entsteht.

Karotten, Zwiebeln und Sellerie mit der gebratenen Kalbsnuss vermischen.

Alles in eine Back- oder Auflaufform geben und mit der Brühe und dem Wein übergießen.

Bei 200° in den Ofen geben und 20 min garen.

Währenddessen bereiten wir die leckere Sauce vor: Mit Zauberstab oder Thermomix die Mayonnaise, den Thunfisch, etwa 60 g der Kapern und die Sardellenfilets mixen. Bei Bedarf die Sauce mit dem Apfelessig etwas cremiger rühren.

Schnittlauch klein hacken. Wenn die 20 min um sind, Kalbsnuss aus dem Ofen holen. Cherrytomaten am Strauch mit etwas Olivenöl beträufeln, Salz und Pfeffer dazu und für etwa 2–3 min in den Ofen schieben.

Die etwas abgekühlte Kalbsnuss in dünne Scheiben schneiden (wenn Ihr eine Aufschnittmaschine habt, ist das ihr großer Auftritt).

Tellerboden mit der Thunfischsauce bestreichen, mit den Kalbsscheiben kleine Röschen formen und auf der Sauce verteilen.

Die restlichen 40 g Stielkapern längs halbieren und darauf verteilen, mit Schnittlauch und frisch gemahlenem Pfeffer garnieren.

Jetzt noch die geschmorten Cherrytomaten vom Strauch pflücken, darauf verteilen und dann Buon Appetito!

Manchmal sind nur
ein paar Handgriffe
nötig, um ein mega
Gericht zu zaubern.

Suppen

Fischsuppe

Es gibt kaum etwas, das mehr nach mediterraner Küche schmeckt als eine frische Suppe mit Fisch und Meeresfrüchten. Achtet Ihr auf frische Zutaten und qualitativ hochwertigen Krustentierfond, dann kommt eine Megabombensuppe dabei raus. Der absolute Renner bei uns im Restaurant.

Für 6 Portionen
Fertig in ca. 40 Minuten

800 g verschiedene Fischfilets
1 Lorbeerblatt
1 Thymianzweig
800 ml Krustentierfond
200 ml Weißwein
4 EL Olivenöl
3 Knoblauchzehen
2 Tomaten
2 Zwiebeln (mittelgroß)
6 Black-Tiger-Riesengarnelen (kochfertig, geschält)
400 g Meeresfrüchte (alles, was Euch schmeckt)
1 Prise gemahlenen Pfeffer
Salz

Zwiebeln und Knoblauch putzen und klein schneiden.

Die Tomaten mit heißem Wasser übergießen, kurz warten, dann schälen und auch klein schneiden.

Die gesäuberten Fischfilets in Stücke schneiden und salzen.

Zwiebeln und Knoblauch in Olivenöl andünsten und etwa 5 min braten, Tomaten und Kräuter hinzugeben und noch mal 5–7 min dünsten.

Krustentierfond anwärmen.

Bratgut mit Wein ablöschen, salzen und pfeffern und mit dem warmen Krustentierfond aufgießen.

Fischfilets und Meeresfrüchte in die Suppe geben, aufkochen lassen und bei schwacher Hitze 15 min kochen.

In den letzten 5 min die Garnelen hinzugeben und fertig kochen. Thymianzweig und Lorbeerblatt herausfischen.

Suppe in tiefen Tellern oder Schalen anrichten und ein wenig natives Olivenöl darübergeben. Kann man mit oder ohne Brot löffeln.

Kürbiscremesuppe mit Stracciatella und Safran

Eni liebt Kürbis über alles. Und damit es dem Rest der Familie in der Kürbissaison nicht zu fad wird, kreiert sie zum Glück immer mal wieder ein neues Rezept, das ich dann manchmal noch verfeinern darf. Deshalb: Ich weiß, ich weiß, Ihr habt wahrscheinlich schon drei Millionen Kürbissuppenrezepte in der Schublade. Aber bestimmt noch keins in dieser spannenden Kombi. Also einfach ausprobieren und überraschen lassen!

Für 4 Portionen
Fertig in ca. 40 Minuten

600 g Kürbis (nach Wahl)
3 mittelgroße Kartoffeln
1 Zwiebel
1 Knoblauchzehe
5–6 g Safranfäden
6 EL Olivenöl
200 g Stracciatella di bufala
etwas gemahlene Muskatnuss
2 Stängel Basilikum
500 ml Sahne
1 l Gemüsebrühe
Salz und Pfeffer

Kürbis entkernen, mit Kartoffeln schälen und in grobe Stücke schneiden.

Zwiebel und Knoblauch klein hacken.

In einem großen Topf 3 EL Olivenöl erwärmen und das gesamte Gemüse anschwitzen.

Mit Gemüsebrühe ablöschen und mit Salz und Pfeffer abschmecken.

Safranfäden und Muskatnuss hinzugeben.

Bei mittlerer Hitze ca. 30 min köcheln lassen.

Währenddessen Basilikumstängel waschen, abtupfen und Blätter abzupfen.

Sahne zur Suppe geben, kurz aufkochen lassen und mit dem Stabmixer zu einer samtigen Creme pürieren.

Anschließend noch durch ein feines Sieb gießen.

Basilikum in 3 EL Olivenöl frittieren und auf einem Küchenpapier abtropfen lassen. Das Basilikum-Frittieröl beiseitestellen.

Suppe in tiefe Teller oder Bowls schöpfen, kleine Stracciatellahäufchen in die Mitte der Teller legen, frittierte Basilikumblätter drum herum verteilen und schließlich das Basilikumöl mit einem Löffel auf die Teller tropfen lassen. Fertig!

Potaje

Dieser Eintopf ist ein Klassiker der spanischen Küche. Gesund und wärmend, was will man mehr an kalten Wintertagen! Die gibt's nämlich auch auf Mallorca.

Für 4 Portionen
Fertig in ca. 2 Stunden plus 12 Stunden Einweichzeit

300 g frische Kichererbsen
5 Knoblauchzehen
1 Lorbeerblatt
1 Dose gehackte Tomaten (440 g)
1 Zwiebel
1 Kartoffel
1 TL Paprikapulver mild
1/2 TL gemahlenen Kreuzkümmel (Kumin)
300 g frischen Blattspinat
2 Eier
1 kleinen Bund Petersilie
1,5 l Hühner- oder Gemüsebrühe
10 ml Apfelessig
etwas Olivenöl

Kichererbsen 10–12 Stunden (am besten über Nacht) in frischem Wasser einweichen. Sie sollten komplett mit Wasser bedeckt sein, lieber noch etwas mehr Wasser nehmen.

Kichererbsen abgießen und noch mal kurz mit klarem Wasser abspülen.

Zwiebeln und Knoblauch klein hacken und in einem großen Topf mit etwas Olivenöl anschwitzen.

Wenn sie schön goldbraun sind, Paprikapulver, Lorbeer und Kreuzkümmel hinzufügen und kurz mit anschwitzen.

Die Dose Tomaten dazugeben, alles nach Geschmack salzen und pfeffern und kurz heiß werden lassen.

Kichererbsen rein und alles mit der Brühe aufgießen, bis alles bedeckt ist, ggf. mit Wasser auffüllen. Zudecken und bei mittlerer Hitze ca. 80 min köcheln lassen. Ab und zu umrühren.

Währenddessen die Eier hart kochen (8 min), abkühlen lassen und vierteln.

Kartoffel in kleine Würfel schneiden, Petersilie fein hacken.

Nach ca. 60 min Kochzeit die Kartoffelwürfel und den Apfelessig hinzugeben und weiterkochen.

Nach weiteren 10 min den frischen Blattspinat unterrühren.

Die Kichererbsen auf Bissfestigkeit probieren und eventuell alles noch mal schön nachwürzen.

Potaje in tiefe Teller schöpfen, mit dem geviertelten Ei garnieren und die Petersilie darüberstreuen. Mmh!

Bitte unbedingt mit getrockneten Kichererbsen machen – nicht mit denen aus dem Glas!

Salmonejo

Auf Mallorca ist die Salmonejo eine der beliebtesten Kaltsuppen überhaupt, vor allem im Hochsommer: eine gesunde Vitaminbombe für heiße Tage, die man gut auch als Snack oder Mittagessen mit ins Büro nehmen kann. Unsere Kinder haben das jedes Mal geliebt, wenn wir einen Ausflug gemacht haben. Übrigens könnt Ihr je nachdem, was Euch schmeckt, auch weitere weiche Gemüsesorten hinzufügen.

Für 4 Portionen
Fertig in ca. 30 Minuten

1 kg Tomaten (am besten überreif)
1 Knoblauchzehe
200 g Bauernbrot (gerne vom Vortag)
2 gekochte Eier
50 g Räucherschinken (am Stück)
150 ml natives Olivenöl

Tomaten waschen und im Mixer pürieren.

Brot zerpflücken und in eine Schüssel geben.

Tomatenpüree darübergeben und ca. 10 min aufsaugen lassen.

Währenddessen die Eier klein schneiden, den Räucherschinken würfeln und zur Seite stellen.

Olivenöl und Knoblauch zur Tomatenpüree-Brotmischung hinzufügen und alles noch mal zum Pürieren in den Mixer.

Noch ein wenig auf niedriger Stufe im Mixer lassen.

In Bowls umfüllen und mit Ei und Schinkenwürfeln bestreuen.

Mit wechselnden Gemüsesorten und ohne Schinken super für eine kleine Detox-Woche!

Melonen-Gazpacho

Schön erfrischende Kaltsuppe für heiße Sommertage. Gern gesehen auch als Mitbringsel bei jeder Grillparty, auch weil sie aus dem Glas getrunken wird. Hier könnt Ihr ohne viel Aufwand mit etwas echt Neuem punkten!

Für 4 Portionen
Fertig in ca. 10 Minuten

500 g Melone (ganz nach Geschmack)
1 kleine Knoblauchzehe
1 grüne Paprika
1 milde Zwiebel
1 Salatgurke
1 EL Apfelessig
40 g Olivenöl
Salz und Pfeffer

Melone, Paprika und Zwiebel in grobe Stücke schneiden.

Gurke schälen, halbieren und mit einem Löffel die Samen entfernen.

Knoblauchzehe längs halbieren und den Keim entfernen.

Alles in den Mixer geben und pürieren.

Mixer anhalten, Apfelessig, Salz und Pfeffer dazu, erneut pürieren und währenddessen langsam das Olivenöl zugießen.

Abschmecken und kalt stellen.

In kleine Gläser abfüllen und möglichst kalt servieren.

Minestrone

Noch ein echter Klassiker. Wenn Ihr wollt, könnt Ihr hier auch kurze, kleine Pasta hinzufügen, dann habt Ihr eine etwas deftigere Minestrone. Ich bevorzuge die Variante ohne Pasta als reine Gemüsesuppe. So ganz nebenbei auch mein Erfolgsrezept gegen Grippe.

Für 4 Portionen
Fertig in ca. 30 Minuten

1 Zwiebel
2 Knoblauchzehen
3 Stangen Staudensellerie
3 Karotten
3 Kartoffeln (festkochend)
3 reife Tomaten
150 g Erbsen (tiefgekühlt)
200 g Blumenkohl
1 l Gemüsebrühe
1 Bund Basilikum
200 g Parmesan (gerieben)
6 EL Olivenöl
Salz und Pfeffer

Zwiebeln und Knoblauch schälen und klein schneiden.

Tomaten, Sellerie und Blumenkohl waschen, Karotten schälen und alles in ca. 1 cm große Stücke schneiden.

Kartoffeln schälen und in ca. 2 cm große Würfel schneiden.

Basilikum waschen, abtropfen lassen und die Blätter von den Stielen abzupfen.

Zwiebeln und Knoblauch mit 3 EL Olivenöl in einem großen Topf erhitzen und glasig dünsten.

Tomaten dazugeben, aufkochen lassen und mit der Gemüsebrühe ablöschen.

Tomaten etwa 5 min einkochen lassen und dann mit einem Kochlöffel zerdrücken.

Sellerie, Karotten, Kartoffeln und Blumenkohl dazugeben und weitere 10 min bei mittlerer Hitze weiterköcheln lassen.

Jetzt die Erbsen dazu, mit Salz und Pfeffer abschmecken und zugedeckt bei kleiner Hitze ca. 10 min weiterköcheln lassen, bis das gesamte Gemüse bissfest ist.

Minestrone in tiefen Tellern anrichten, mit Basilikumblättern garnieren, das restliche Olivenöl darüberträufeln und mit dem Parmesan bestreuen.

2cl
2cl

ALION
2015
MACÁN
Rioja
Denominación de Origen Calificada
AALTO

2017
Bricco dell'Uccellone
MACAN
Rioja
PINTIA
2016
TEMPOS Vega Sicilia
NTIA
2016
TEMPOS Vega Sicilia
AALTO PS
Bricco dell'Uccellone
IL PINO
di Biserno
SASSICAIA

Pasta

Canelónes

Zum ersten Mal habe ich diese Canelónes bei meiner spanischen Schwiegermutter Elvira gegessen. Und die sind einfach geil, das kann man nicht anders sagen. Für das Originalgericht braucht Ihr auch original Canelónes, also keine fertigen Cannelloni kaufen, sondern die Teigblätter zum Selbermachen! Am besten die von „Gallo". Die bekommt Ihr natürlich in Spanien – aber auch im Internet. Ihr könnt es auch mit Lasagneblättern machen, ist aber nicht das Gleiche. Überraschung: Im Rezept findet Ihr auch eine klassisch deutsche Zutat. Da sieht man mal, wie unsere verschiedenen Heimaten verbunden sind.

Für 8 Portionen
Fertig in ca. 1 Stunde

32 Stück Pasta Canelónes
1.200 g Rinderhack
200 g Schweinehack
250 g Kalbsleberwurst
2 Zwiebeln
3 Knoblauchzehen
100 g gehackte Mandeln
1 Bund Petersilie
150 g Mehl
2 1/2 l Milch
150 g Butter
Muskatnuss
etwas Olivenöl
Salz und Pfeffer

Zwiebeln und Knoblauch schälen und klein hacken, Mandeln dazugeben und weiterhacken.

Petersilie waschen, abtupfen und ebenfalls klein hacken.

In einer großen beschichteten Pfanne Zwiebeln, Knoblauch und Mandeln in etwas Olivenöl goldbraun andünsten.

Gemischtes Hackfleisch dazu und weitere 10 min mitbraten.

Kalbsleberwurst und Petersilie gut unterrühren und weiter anbraten.

500 ml Milch hinzugeben und mit 3 EL Mehl zu einer homogenen Masse verrühren. Falls nötig, nehmt Ihr etwas mehr Mehl. Das Ganze muss dickflüssig und klebrig sein, damit die Masse später gut an den Canelónes haftet!
Mit Salz und Pfeffer abschmecken, beiseitestellen und abkühlen lassen.

So macht Ihr die Béchamelsauce:

Die Butter in einem Topf bei mittlerer Hitze zergehen lassen.

Das restliche Mehl dazugeben und zu einer knetförmigen Masse verrühren.
Die übrigen 2 l Milch leicht anwärmen, dazugießen und mit Salz, Pfeffer sowie Muskatnuss abschmecken.

Unter ständigem Rühren aufkochen lassen und dann vom Herd nehmen.
Falls die Béchamel zu fest wird, einfach noch mit etwas Milch verflüssigen.

So macht Ihr die Canelónes:

Einen großen Topf mit Salzwasser zum Kochen bringen und einen Schuss Olivenöl hineingeben, damit die Canelónes nicht verkleben.

Canelónes-Blätter ins kochende Wasser fallen lassen (max. 6–8 auf einmal) und für 3–5 min kochen.

Canelónes mit einem Schöpfer aus dem Wasser holen und einzeln auf Geschirrtücher verteilen.
Wiederholen, bis alle Canelónes vorgekocht sind.

So kommt alles zusammen:

Alles bereitstellen und den Backofen auf 200° Ober-/Unterhitze anheizen.
Ein wenig Béchamel auf dem Backblech verteilen, damit die Canelónes nicht kleben bleiben.

Jedes Canelónes-Blatt mit einem gehäuften Esslöffel der Fleischmasse befüllen und einrollen.

Die Canelónes schön eng aneinander aufs Backblech legen, damit sie nicht aufgehen.

Mit reichlich Béchamel übergießen und 25 min goldbraun backen.

Macht gleich die doppelte Menge – die Canelónes schmecken am nächsten Tag noch besser!

Kürbislasagne mit Spinat und Ingwer-Béchamel

Lasagne kennt Ihr schon? Aber sicher nicht diese herbstliche Variante. Nachdem unserer Familie der Kürbis zur Saisonzeit schon aus den Ohren rauskam, hat Eni dieses Gericht kreiert, mit dem sie ihn uns wieder richtig schmackhaft gemacht hat. Ihr könnt nach Lust und Laune die Zutaten austauschen, nur der Kürbis und die Béchamel müssen bleiben, da lässt Eni nicht mit sich reden!

Für 4–6 Portionen
Fertig in ca. 90 Minuten

250 g Lasagne-Teigplatten
(am besten von „Giovanni Rana" frisch aus dem Kühlregal)
500 g Kürbis (ganz nach Geschmack)
300 g frischen Blattspinat
200 g geräucherten Scamorza
1 l Milch
150 g Butter
150 g Mehl
1 EL Ingwerpaste
150 g Parmesan
50 g braunen Zucker
Muskatnuss
Salz und Pfeffer

Die Butter in einem Topf bei mittlerer Hitze zergehen lassen.

Das Mehl dazugeben und zu einer knetförmigen Masse verrühren.
Die Milch leicht anwärmen, dazugießen, Ingwerpaste hinzugeben und mit Salz, Pfeffer sowie Muskatnuss abschmecken.

Unter ständigem Rühren aufkochen lassen und dann vom Herd nehmen.

Falls die Béchamel zu fest wird, einfach noch mit etwas Milch verflüssigen.

So macht Ihr den Rest:

Kürbis schälen, entkernen und in feine Würfel schneiden.

Zusammen mit dem braunen Zucker in einer beschichteten Pfanne leicht karamellisieren, aber nicht zu dunkel, gerade so, dass der Zucker schmilzt. Dann beiseitestellen.

Scamorza in feine Würfel schneiden.

Blattspinat kurz abwaschen und in feine Streifen schneiden.

Alles bereitstellen und den Backofen auf 200° Ober-/ Unterhitze anheizen.

Den Boden einer Auflaufform mit etwas Béchamel bestreichen, damit nichts kleben bleibt.
Lasagneblätter in der Form verteilen, die erste Schicht mit Kürbis, Parmesan, Scamorza und Blattspinat belegen und mit Béchamel begießen.

So lange wiederholen, bis alle Zutaten aufgebraucht sind, nur etwas Béchamelsauce übrig lassen.

Die restliche Béchamel auf der obersten Lage Lasagne verteilen und mit Parmesan bestreuen.

Jetzt noch ca. 30–40 min goldbraun backen.
Vor dem Servieren noch kurz ruhen lassen (etwa 15 min).

Kürbis mal anders!

Linguine mit Seeteufel

Bei uns in der Familie und im Freundeskreis ein sehr beliebtes Gericht für einen schönen Abend. Nicht nur, weil Prosecco drin ist (aber auch). Lässt sich vielfältig mit jedem festen Fisch kombinieren.

Für 4 Portionen
Fertig in ca. 30 Minuten

400 g Linguine
500 g Seeteufelfilet
400 g Dosentomaten (ganz)
1 kleinen Bund Minze
150 g Parmesan (gerieben)
80 g schwarze Oliven (entkernt)
100 g Butter
500 ml Fischfond
30 g Kapern
1 rote Zwiebel
2 Knoblauchzehen
200 ml Prosecco brut
etwas Olivenöl

Zwiebel und Knoblauch schälen und klein hacken.

Seeteufel in etwa 2 cm große Stücke schneiden.

Minze waschen, abtupfen und klein hacken.

In einer Pfanne 6 EL Olivenöl erhitzen, Zwiebeln und Knoblauch darin andünsten.

Seeteufel, Kapern und Oliven hinzugeben und mit andünsten.

Mit dem Prosecco ablöschen und etwas köcheln lassen.

Die Tomaten mit einer Gabel aus der Dose in die Pfanne befördern.

Den Fischfond und die Minze dazugeben und bis auf die Hälfte der Flüssigkeit reduzieren.

Währenddessen die Linguine nach Packungsangabe al dente kochen.

Linguine abgießen und mit in die Pfanne geben, mit Butter und Parmesan abbinden und gut vermengen.

Auf den Tellern verteilen und etwas natives Olivenöl darübergeben – fertig!

Orecchiette Chorizo & Brokkoli

Zwischen meiner Ursprungsheimat Apulien und meiner neuen Heimat Mallorca liegen etwa 1.100 Kilometer. Dieses Gericht ist eine tolle Brücke! Kleiner Tipp: Besorgt Euch frische Orecchiette im Delikatessenladen oder in einem italienischen Supermarkt, dann schmeckt es, als ob die „Nonna" die Orecchiette selber gemacht hätte!

Für 4 Portionen
Fertig in ca. 30 Minuten

500 g Orecchiette
1 Brokkoli
150 g Chorizo
3 Knoblauchzehen
1 Chilischote
50 g Parmesan (gerieben)
etwas Olivenöl

Brokkoli waschen und in kleine Röschen schneiden.

Chorizo in kleine Würfel schneiden.

Knoblauch schälen und in Scheiben schneiden, Chili in Ringe schneiden.

Orecchiette und Brokkoli zusammen in reichlich Salzwasser nach Packungsangabe der Pasta kochen.

Währenddessen in einer Pfanne etwas Olivenöl erhitzen, Chili und Knoblauch goldbraun rösten, dann die Chorizo dazu und knusprig braten.

Wenn Pasta und Brokkoli gar sind, beides abgießen und wieder in den Topf geben.

Die noch heiße Chorizo samt Öl, Knoblauch und Chili dazugeben und vermengen.

Auf den Tellern verteilen, mit Parmesan bestreuen und wenn Ihr wollt, noch etwas Olivenöl drauftr äufeln.

Pappardelle mit Kaninchenragù

Ich bin ein großer Fan von Ragù, der traditionellen italienischen Fleischsauce. Diese hier schmeckt besonders fein und lecker. Der intensive tomatige Geschmack und das zarte Kaninchen passen hervorragend zu Eiernudeln. Ihr könnt gerne auch andere Pasta nehmen, Hauptsache hochwertig. Ihr werdet sehen, das lohnt sich!

Für 4 Portionen
Fertig in ca. 1,5 Stunden plus 12 Stunden marinieren

2 kg Kaninchen
400 g Pappardelle
4 Karotten
10 Cherrytomaten
2 Stangen Staudensellerie
6 Schalotten
2 Knoblauchzehen
2 Rosmarinzweige
1 Bund Thymian
4 Lorbeerblätter
1 Chilischote
1 unbehandelte Zitrone
1 kleines Stück Ingwer
100 g Pecorino (gerieben)
500 ml Weißwein (trocken)
500 ml Hühnerbrühe
210 ml Olivenöl
50 g Butter
Salz und Pfeffer

Kaninchen waschen und gegebenenfalls die Innereien entnehmen.

Vier der Schalotten, eine Knoblauchzehe, Karotten, Ingwer und gewaschenen Staudensellerie klein schneiden und hacken.

Rosmarin und Thymian waschen, abtupfen und abzupfen.

Schale einer Zitrone abreiben.

Geschnittenes Gemüse und Gewürze inklusive Lorbeer und geriebener Zitronenschale mit dem Kaninchen in eine Schüssel geben.

Weißwein, 150 ml Olivenöl und Hühnerbrühe dazugeben und gut vermengen.

Mit Salz und Pfeffer würzen.

Das Kaninchen im Sud abgedeckt im Kühlschrank für 12 Std. marinieren, am besten über Nacht.

Am nächsten Tag das Kaninchen mitsamt dem Sud in einem größeren Topf bei mittlerer Hitze 1 Stunde köcheln lassen. Das Fleisch muss ganz leicht vom Knochen abfallen, dann ist es gar. Eventuell etwas länger kochen.

Das fertig gegarte Kaninchen aus dem Topf nehmen. Den Sud durch ein feines Sieb passieren und in einem Gefäß auffangen.

Kaninchen etwas abkühlen lassen. Dann das Fleisch von den Knochen ablösen und beiseitestellen.
Die beiden restlichen Schalotten und eine Knoblauchzehe schälen und klein hacken.
Die Cherrytomaten vierteln. In einer Pfanne das restliche Olivenöl (ca. 6 EL) erhitzen, Zwiebel und Knoblauch darin anschwitzen.

Das Kaninchenfleisch und die Cherrytomaten hinzugeben und mitbraten.

Parallel die Pappardelle nach Packungsangabe al dente kochen.

Zwei Schöpflöffel vom Sud in die Pfanne geben, abschmecken und nach Geschmack würzen.

Die fertigen Pappardelle in die Pfanne zum Kaninchen geben und mit der Butter vermengen.

Pappardelle mit Kaninchenragù auf den Tellern verteilen, mit etwas Pecorino bestreuen und servieren.

Spaghetti neri mit Pfifferlingen und Carabinero-Garnele an Cognac

Unsere Variante des „Mare & Monte"-Klassikers. Auch wenn Pfifferlinge im Rezeptnamen stehen: Ihr könnt nach Belieben die Pilzsorte wechseln, es schmeckt mit allen hervorragend! Wer nicht an Carabinero-Garnelen kommt, nimmt einfach Black-Tiger-Garnelen, lässt pro Portion eine davon ganz und legt sie nach dem Köcheln beiseite wie beschrieben. Den Krustentierfond könnt Ihr gerne selber ansetzen, ist aber viel Arbeit und ein hochwertiges Produkt spart Euch auch eine Menge Zeit. Die könnt Ihr dann stattdessen mit anderen Gerichten verbringen!

Für 2 Portionen
Fertig in ca. 40 Minuten

300 ml Krustentierfond
2 Schalotten
2 Knoblauchzehen
4 Black-Tiger-Garnelen
2 Carabinero-Garnelen
160 g schwarze Spaghetti
150 g Pfifferlinge
10 Cherrytomaten
2 Schuss Cognac
etwas Olivenöl
etwas Butter
Salz und Pfeffer

Black-Tiger-Garnelen schälen, Kopf abtrennen, Darm entfernen und in mundgerechte Stücke schneiden. Carabinero-Garnele waschen, längs etwas anschneiden und Darm entfernen, ansonsten ganz lassen.

Pfifferlinge putzen und halbieren.

Knoblauch in feine Scheiben schneiden und Zwiebeln würfeln.

Olivenöl in der Pfanne erhitzen, Knoblauch und Zwiebelwürfel kurz anschwitzen. Pfifferlinge und Cherrytomaten hinzufügen und mitbraten, bis die Pilze schön zusammengeschrumpelt sind.

Garnelenstücke und die ganze Garnele anschwitzen, bis der Knoblauch goldbraun ist, dann mit dem Cognac ablöschen und 3–4 min köcheln lassen. Die Carabinero-Garnelen herausholen und beiseitestellen.

Den Fond komplett hinzufügen und bei mittlerer Hitze 10 min köcheln lassen. Währenddessen die schwarzen Spaghetti nach Packungsangabe kochen. Den Pfanneninhalt nach Belieben salzen und frisch gemahlenen Pfeffer darübergeben.

Die Spaghetti abgießen und in die Pfanne mit den Garnelen und Pfifferlingen geben.

Ein kleines Stück Butter hinzufügen und vermengen.

Auf zwei Teller verteilen, jeweils eine der vorab gesicherten Carabinero-Garnelen on top und dann viel Spaß beim Schlemmen!

Strozzapreti mit Radicchio

Strozzapreti ist eine etwas ungewöhnlichere Pasta, die Omas früher von Hand gemacht haben. Mittlerweile bekommt man sie zum Glück auch beim italienischen Feinkostladen, so muss man sich diese Technik nicht selbst erarbeiten. In dieser Kombi kann man auch den Gorgonzala wieder genießen, an dem man sich vielleicht seit den 80er-Jahren ein bisschen sattgegessen hat.

Für 4 Portionen
Fertig in ca. 30 Minuten

500 g Strozzapreti
200 g Gorgonzola mit Mascarpone
1 kleinen Kopf Radicchio
1 kleine Zwiebel
80 g Pinienkerne
200 ml Gemüsebrühe
150 ml Sahne
100 g Parmesan (gerieben)
etwas Olivenöl
Salz und Pfeffer

Radicchio in feine Streifen schneiden, waschen und abtupfen.

Pinienkerne in einer großen beschichteten Pfanne goldbraun rösten und beiseitestellen.

Zwiebel schälen und fein hacken.

In der Pfanne 6 EL Olivenöl erhitzen und die Zwiebel darin dünsten. Radicchio hinzufügen und kurz mit anbraten.

Mit Gemüsebrühe und Sahne ablöschen und kurz aufkochen lassen.

Nun den Gorgonzola dazugeben und alles zu einer cremigen Sauce rühren. Mit Salz und Pfeffer abschmecken und bei geringer Hitze 5 min weiterköcheln lassen.

Währenddessen die Strozzapreti nach Packungsangabe in Salzwasser al dente kochen.

Pasta abgießen und in die Pfanne mit der cremigen Sauce geben.

Auf Teller verteilen, mit Parmesan und gerösteten Pinienkernen garnieren, genießen!

Tagliatelle al Forno

Für uns Italiener ist die Pasta al Forno ein sehr traditionelles und ursprüngliches Rezept. Im Deutschen sagt man „Resteessen" dazu. Wenn sonntags die gesamte Familie zu meiner Oma zum Essen kam, hat sie die Reste der Woche an Fleisch, Mortadella oder Schinken, Käse und Tomatensauce einfach in eine Auflaufform gegeben, mit Pasta aufgefüllt und überbacken. So hat es jeden Sonntag ein bisschen anders geschmeckt. Und wenn am Montag noch etwas übrig war, dann war das eine echte Offenbarung. Die Pasta al Forno schmeckt nämlich am Folgetag noch besser als frisch gemacht.

Für 4–6 Portionen
Fertig in ca. 90 Minuten

500 g Tagliatelle (Eiernudeln)
500 g Hackfleisch
300 g Mortadella
360 g Mozzarella
1 Bund Petersilie
1 Bund Basilikum
1 Ei
1 Zwiebel
3 Knoblauchzehen
500 ml Tomatenpassata
500 ml Sahne
50 g Parmesan (gerieben)
150 g Pecorino Romano (gerieben)
50 g Paniermehl
6 EL Sonnenblumenöl
8 EL Olivenöl
Salz und Pfeffer

Zwiebel und Knoblauch schälen und fein hacken.

In einem größeren Topf mit dem Olivenöl anschwitzen.

Tomatenpassata hinzugeben, die Flasche der Passata mit Wasser füllen und ebenfalls dazumischen. Mit Salz und Pfeffer abschmecken.

Basilikum waschen und abtupfen. Die Blätter abzupfen und in die Sauce geben.

Bei mittlerer Hitze ca. 30 min köcheln lassen, ab und zu umrühren.

In der Zwischenzeit Mozzarella und Mortadella in grobe Würfel schneiden.

Petersilie waschen, von den Stielen trennen, klein hacken und mit dem Hackfleisch in eine Schüssel geben.

Das rohe Ei, Paniermehl sowie 50 g Parmesan hinzufügen und alles zu einer glatten Masse kneten.

Mit angefeuchteten Händen etwa walnussgroße Bällchen formen. Diese im Sonnenblumenöl von allen Seiten goldbraun anbraten. Auf Küchenpapier abtropfen lassen und beiseitestellen.

Tagliatelle in reichlich Salzwasser für nur 3 min kochen, abgießen und in eine große Schüssel geben.

Den Ofen auf 200° Ober-/Unterhitze vorheizen.

Tagliatelle mit 3/4 der Tomatensauce vermengen. Hackfleischbällchen, Mortadella, 3/4 des Pecorino und 3/4 des Mozzarella hinzugeben, nochmals durchmischen und alles in eine passende Auflaufform füllen.

Mit jeweils dem restlichen Viertel Tomatensauce, Pecorino und Mozzarella alles bedecken und die Sahne gleichmäßig darüber verteilen.

Rund 30–40 min knusprig ausbacken.

Danach noch mindestens 20 min ruhen lassen – schmeckt lauwarm am besten!

Tagliolini al Ginger

Diese ungewöhnliche Kombination habe ich vor vielen Jahren in meiner Kochprüfung in Nullkommanix gezaubert. Auch der Prüfer war sehr angetan von der Einfachheit des Gerichts. Hat zwar damals nur für eine 2–3 gereicht, aber meine Gäste im Restaurant geben mir immer eine 1 dafür. Daher: Nicht unbedingt ein Klassiker, aber fester Bestandteil unserer Speisekarte.

Für 4 Portionen
Fertig in ca. 20 Minuten

500 g Tagliolini
100 g Ingwer
2 unbehandelte Limetten
12 Cherrytomaten
100 g Pinienkerne
1 kleine Zwiebel
1 Knoblauchzehe
1 kleinen Bund Schnittlauch
500 ml Gemüsebrühe
100 g Parmesan (gerieben)
6 EL Olivenöl

Ingwer schälen und grob schneiden.

Zusammen mit dem Olivenöl mit dem Stabmixer zu einer Creme pürieren.

Pinienkerne kurz in einer Pfanne anrösten und beiseitestellen.

Schnittlauch in feine Ringe schneiden.

Zwiebel und Knoblauch schälen und klein schneiden.

Limetten waschen und samt Schale in 1 cm dicke Scheiben schneiden.

Cherrytomaten vierteln.

In einer Pfanne 6 EL Olivenöl erhitzen, Zwiebel, Knoblauch und Limettenscheiben darin anbraten.
Mit der Gemüsebrühe aufgießen und Ingwercreme sowie Schnittlauch hinzufügen.
Mit Salz und Pfeffer abschmecken, 5 min leicht weiterköcheln lassen.

Währenddessen die Tagliolini nach Packungsangabe al dente kochen.

Wenn sie gar sind, absieben und in die Pfanne mit der Sauce geben. Parmesan dazu und gut vermengen.

Auf Tellern anrichten, servieren, schmecken lassen.

Risotto

Risotto Mango & Gamberi

Unser heimlicher Superstar! Die Kombination aus fruchtiger Cremigkeit und knackigem Gamberifleisch ist bei vielen unserer Gäste ein Top-Favorit. Eine unserer Besucherinnen kommt deshalb extra aus Palma zu uns.

Für 4 Portionen
Fertig in ca. 45 Minuten

300 g Risotto-Reis Arborio
250 g Garnelen (geschält und geputzt)
1 frische Mango
1 Zwiebel
2 Stangen Staudensellerie
150 ml Mangosaft
1 1/4 l Gemüsebrühe
100 g Parmesan (gerieben)
50 g Butter
etwas Olivenöl

Mango schälen und in kleine Würfel schneiden.

Wenn erforderlich, Garnelen längs etwas anschneiden, Darm entfernen und sie dann klein schneiden.

Die Gemüsebrühe leicht zum Sieden bringen.

Zwiebel und Sellerie schälen, fein hacken und mit Olivenöl und einem Drittel der Butter in einem großen Topf anschwitzen.

Reis dazugeben und 2 min mit anrösten.

Mango hinzufügen und kurz vermengen.

Mit Mangosaft abschrecken und so lange rühren, bis er verkocht ist.

Nun nach und nach mit dem Schöpflöffel die Brühe hinzufügen und unterrühren. Immer erst nachgießen, wenn der Reis die Flüssigkeit vollständig aufgenommen hat.

Auf diese Weise die Brühe vollständig einrühren, bis der Reis gar ist. Das dauert etwa 16–18 min.

Etwa 10 min vor dem Garpunkt die Garnelen hinzufügen und unterrühren.

Im fertigen Risotto den Parmesan und die restliche Butter unterziehen.

Risotto mit Salz und Pfeffer abschmecken und den Herd ausschalten, etwa 2 min ziehen lassen.

Vor dem Anrichten nochmals kurz umrühren und dann servieren.

Risotto mit Salsiccia

Im Dezember, wenn wir mit unseren Eltern auf den familiären Bauernhof nach Italien gegangen sind, wurden immer gerade die Schweine geschlachtet, um daraus unter anderem frische Salsiccia zu machen. Zu Beginn meiner Kochkarriere habe ich deshalb einfach mal die Salsiccia im Risotto ausprobiert, was auch bei meinen Gästen super ankam!

Für 4 Portionen
Fertig in ca. 40 Minuten

300 g Risotto-Reis Arborio
200 g Salsiccia
150 g Datteltomaten
1 Zwiebel
2 Stangen Staudensellerie
50 g Butter
60 g Pecorino (gerieben)
1.200 ml Hühnerbrühe
150 ml trockenen Weißwein
1 EL Olivenöl
Salz und Pfeffer

Hühnerbrühe leicht zum Sieden bringen.

Die Wursthaut längs einritzen, Haut abziehen und die Salsiccia in Stücke rupfen.

Zwiebel und Sellerie schälen, fein hacken und mit Olivenöl und einem Drittel der Butter in einem großen Topf anschwitzen.

Die Salsicciastückchen hinzugeben und kurz anbraten, dann wieder entnehmen und beiseitestellen.

Zwiebel und Sellerie weiter ca. 10 min bei mittlerer Hitze anschwitzen, bis sie weich sind.

Währenddessen die Datteltomaten halbieren.

Den Reis in den Topf geben und 2 min anrösten. Mit dem Weißwein ablöschen und umrühren, bis dieser verkocht ist.

Nun nach und nach mit dem Schöpflöffel die heiße Brühe zugeben und unterrühren. Immer erst nachgießen, wenn der Reis die Flüssigkeit vollständig aufgenommen hat.

Auf diese Weise die Brühe einarbeiten, bis der Reis gar ist. Das dauert etwa 16–18 min.

Rund 5 min vor dem Garpunkt die Datteltomaten hinzugeben.

Zum fertigen Risotto den Pecorino und die restliche Butter hinzufügen und unterziehen.

Risotto mit Salz und Pfeffer abschmecken und den Herd ausschalten, etwa 2 min ziehen lassen.

Vor dem Anrichten nochmals kurz umrühren und dann servieren.

Anisrisotto mit Black-Tiger-Garnelen

Der etwas süßliche Geschmack dieses Gerichts ist im mediterranen Raum nicht unbedingt gängig, aber der Anis verfeinert die Garnelen so intensiv, dass man gar nicht genug davon bekommen kann. Eine super aromatische Kombi!

Für 4 Portionen
Fertig in ca. 45 Minuten

300 g Risotto-Reis Arborio
4–6 Black-Tiger-Garnelen
4 eingelegte ganze Artischockenherzen
1 Zwiebel
2 Stangen Staudensellerie
50 g Butter
60 g Parmesan (gerieben)
150 ml Anisschnaps (z. B. Sambuca)
1.200 ml Fischfond
1 EL Olivenöl
Salz und Pfeffer

Den Fond leicht zum Sieden bringen.

Die Garnelen putzen, entdarmen und klein schneiden.

Zwiebel und Sellerie schälen, fein hacken und mit Olivenöl und einem Drittel der Butter in einem großen Topf bei mittlerer Hitze 10 min anschwitzen, bis sie weich sind. Ab und zu umrühren.

Den Reis dazugeben und 2 min mit anrösten.

Mit dem Anisschnaps abschrecken und ihn unterrühren, bis er verkocht ist.

Nun nach und nach mit dem Schöpflöffel den heißen Fond zugeben und unterrühren. Immer erst nachgießen, wenn der Reis die Flüssigkeit vollständig aufgenommen hat.

Auf diese Weise den Fond einarbeiten, bis der Reis gar ist. Das dauert etwa 16–18 min.

Rund 10 min vor dem Garpunkt die Garnelen einrühren.

Im fertigen Risotto den Parmesan und die restliche Butter unterziehen.

Risotto mit Salz und Pfeffer abschmecken und den Herd ausschalten, damit es noch ziehen kann.

Die Artischockenherzen längs halbieren, in einer Pfanne kurz goldbraun braten und beiseitestellen.

Risotto auf den Tellern verteilen und jeweils mit zwei Artischockenhälften garnieren.

Risotto mit Calamari und Roter Bete

Wahre Geschichte: Ich war zu einem Internationalen Reis-Kochwettbewerb in Valencia eingeladen, komplett mit TV-Berichterstattung und allem Pipapo. Da ich am Vorabend ziemlich gefeiert hatte, wollte ich wegen dem massiven Restalkohol erst gar nicht teilnehmen, denn ich hatte noch gar nichts eingekauft. Ich habe mich dann aber doch in den Supermarkt geschleppt (um genau zu sein: Eni hat mich gezwungen), mir einfach die erstbesten Zutaten geschnappt und daraus dieses Risotto gemacht. Und was soll ich sagen, ich bin von 150 Teilnehmern Dritter geworden!

Für 4 Portionen
Fertig in ca. 45 Minuten

300 g Risotto-Reis Arborio
300 g Calamari
1 Glas Rote Bete (400 g)
1 Zwiebel
2 Stangen Staudensellerie
1 Bund Petersilie
50 g Butter
60 g Parmesan (gerieben)
1 l Gemüsebrühe
150 ml Weißwein
1 EL Olivenöl
Salz und Pfeffer

Die Rote Bete abgießen (Flüssigkeit aufbewahren) und klein schneiden.

Die Gemüsebrühe mit dem Rote-Bete-Wasser zum Sieden bringen.

Zwiebel und Sellerie schälen, fein hacken und mit Olivenöl und einem Drittel der Butter in einem großen Topf bei mittlerer Hitze 10 min anschwitzen, bis sie weich sind. Ab und zu umrühren.

Den Reis dazugeben und 2 min mit anrösten.

Die Calamari-Ringe unter fließendem Wasser abwaschen und abtupfen.
Zum Reis hinzugeben und mit Weißwein ablöschen. So lange umrühren, bis der Wein verkocht ist.

Nun nach und nach mit dem Schöpflöffel die heiße Brühe zugeben und unterrühren.
Immer erst nachgießen, wenn der Reis die Flüssigkeit vollständig aufgenommen hat.

Auf diese Weise die Brühe einarbeiten, bis der Reis gar ist. Das dauert etwa 16–18 min.

Rund 5 min vor dem Garpunkt die Rote Bete hinzugeben und unterheben.

Im fertigen Risotto den Parmesan und die restliche Butter unterziehen.

Risotto mit Salz und Pfeffer abschmecken und den Herd ausschalten, etwa 2 min ziehen lassen.

Vor dem Anrichten nochmals umrühren und dann servieren.

Risotto mit Maronen

Für andere mögen Maronen nur ein Snack sein, ich habe sie als vollwertige Zutat in meine Küche integriert. Am besten schmecken sie mir im Risotto, da dieses durch die Maronen noch cremiger wird und mir ein wohliges Gefühl von Heimat gibt. Für mich ist dies ein Gericht voller Emotionen: Dieses Risotto riecht nach Weihnachtsmarkt, nach Familie, nach „ich will mehr davon"!

Für 4 Portionen
Fertig in ca. 45 Minuten

300 g Risotto-Reis Arborio
200 g Maronen (vorgekocht)
1 Fenchelknolle
1 Zwiebel
2 Stangen Staudensellerie
50 g Rosinen
50 g Butter
60 g Parmesan (gerieben)
1.200 ml Gemüsebrühe
150 ml Weißwein
2 EL Olivenöl
Salz und Pfeffer

Die Gemüsebrühe leicht zum Sieden bringen.

Maronen klein schneiden.

Fenchelknolle waschen, halbieren und in feine Scheiben schneiden.

Zwiebel und Sellerie schälen, fein hacken und zusammen mit dem Fenchel mit Olivenöl und einem Drittel der Butter in einem großen Topf bei mittlerer Hitze 10 min anschwitzen, bis alles weich ist. Ab und zu umrühren.

Den Reis dazugeben und 2 min mit anrösten.
Den Wein angießen und einrühren, bis er verkocht ist.

Nun nach und nach mit dem Schöpflöffel die heiße Brühe zugeben und unterrühren. Immer erst nachgießen, wenn der Reis die Flüssigkeit vollständig aufgenommen hat.

Auf diese Weise die Brühe einarbeiten, bis der Reis gar ist. Das dauert etwa 16–18 min.

Rund 2 min vor dem Garpunkt die Rosinen und die Maronen hinzugeben und unterrühren.

Im fertigen Risotto den Parmesan und die restliche Butter unterziehen.

Risotto mit Salz und Pfeffer abschmecken und den Herd ausschalten, etwa 2 min ziehen lassen.

Vor dem Anrichten nochmals umrühren und dann servieren.

Risotto ai Frutti di Mare

Kaum ein Gericht schmeckt mehr nach Urlaub als dieses Meeresfrüchte-Risotto. Also einfach zu Hause nachkochen und der Urlaub kommt zur Tür herein! Schon während Ihr die Meeresfrüchte andünstet, werdet Ihr ein Gefühl von „la Dolce Vita" bekommen, das sich mit einem leckeren Glas Weißwein während des Kochens übrigens noch intensivieren lässt. Salute!

Für 4 Portionen
Fertig in ca. 45 Minuten

300 g Risotto-Reis Arborio
800 g Meeresfrüchte (alles, was Euch schmeckt)
1 Bund Petersilie
1 Zwiebel
2 Knoblauchzehen
2 Stangen Staudensellerie
50 g Butter
60 g Parmesan (gerieben)
500 ml Krustentierfond
700 ml Fischfond
150 ml Weißwein
2 EL Olivenöl
Salz und Pfeffer

Meeresfrüchte waschen und in einem Sieb gut abtropfen lassen. Krustentiere ggf. schälen und entdarmen.

Petersilie waschen, abzupfen und fein hacken.

Den kompletten Fond zum Sieden bringen.

Zwiebel, Knoblauch und Sellerie schälen, fein hacken und mit Olivenöl und einem Drittel der Butter in einem großen Topf bei mittlerer Hitze 10 min anschwitzen, bis sie weich sind. Ab und zu umrühren.

Den Reis dazugeben und 2 min mit anrösten.

Den Wein angießen und einrühren, bis er verkocht ist.

Meeresfrüchte hinzufügen und unterheben.
Nun nach und nach mit dem Schöpflöffel den heißen Fond hinzufügen und unterrühren. Immer erst nachgießen, wenn der Reis die Flüssigkeit vollständig aufgenommen hat.

Auf diese Weise den Fond einarbeiten, bis der Reis gar ist. Das dauert etwa 16–18 min.

Kurz vor Schluss die Petersilie, den Parmesan und die restliche Butter unterziehen.

Risotto mit Salz und Pfeffer abschmecken und den Herd ausschalten, etwa 2 min ziehen lassen. Vor dem Anrichten nochmals umrühren und dann servieren.

Risotto mit Steinpilzen und Trüffelcreme

Ein Gericht mit dem Köstlichsten, was der Wald zu bieten hat! Wir sind sowieso eine Familie von Pilzliebhabern, in meiner Zeit in Tübingen war ich oft mit meinem Vater in der Umgebung Pilze sammeln. Auch Trüffel sind für mich keine exklusive Delikatesse, mein Onkel hatte zwei Trüffelhunde, wir sind damit groß geworden und haben die Trüffelcreme zu Hause oft selbst gemacht. Wie es sich für einen Schwaben gehört, nimmt man das, was eh da ist, und so entstand dieses Risotto, übrigens der absolute Renner bei uns im Lokal!

Für 4 Portionen
Fertig in ca. 45 Minuten

300 g Risotto-Reis Arborio
300 g frische Steinpilze
1 Zwiebel
2 Stangen Staudensellerie
80 g Butter
80 g Parmesan (gerieben)
1.200 ml Gemüsebrühe
150 ml trockenen Weißwein
1 EL schwarze Trüffelcreme
2 EL Olivenöl
Salz und Pfeffer

Die Steinpilze putzen, halbieren und in feine Scheiben schneiden.

Die Gemüsebrühe leicht zum Sieden bringen.

Die Steinpilze mit 1 EL Olivenöl und ca. 20 g Butter in einer Pfanne anbraten, bis sie goldbraun sind. Mit Salz und Pfeffer abschmecken und beiseitestellen.

Zwiebel und Sellerie schälen, fein hacken und mit Olivenöl und noch mal 20 g Butter in einem großen Topf bei mittlerer Hitze 10 min anschwitzen, bis sie weich sind. Ab und zu umrühren. Den Reis dazugeben und 2 min mit anrösten.

Den Wein angießen und einrühren, bis er verkocht ist. Nun nach und nach mit dem Schöpflöffel die heiße Brühe zugeben und unterrühren. Immer erst nachgießen, wenn der Reis die Flüssigkeit vollständig aufgenommen hat.

Auf diese Weise die Brühe einarbeiten, bis der Reis gar ist. Das dauert etwa 16–18 min. Etwa 5 min vor dem Garpunkt die Steinpilze und die Trüffelcreme unterrühren.

Zum fertigen Risotto den Parmesan und die restliche Butter hinzugeben und cremig rühren.

Risotto mit Salz und Pfeffer abschmecken und den Herd ausschalten, etwa 2 min ziehen lassen.

Vor dem Anrichten nochmals umrühren und dann servieren.

CAPARZO

Fleisch

Brasciole

Immer, wenn es bei uns Brasciole gibt, wird erst diskutiert, ob wir deutsche Rinderrouladen oder italienische Brasciole machen. Beide sind unfassbar lecker, aber weil das hier ja kein deutsches Kochbuch ist, bekommt Ihr jetzt die traditionelle italienische Art präsentiert. Mal sehen, ob die Diskussion dann bei Euch auch bald losgeht.

Für 4 Portionen
Fertig in ca. 4 Stunden

8 Rinderrouladenscheiben
1 l passierte Tomaten
400 g Tomatenpolpa
8 Scheiben Pancetta
1 Bund Petersilie
1 Bund Basilikum
2 Lorbeerblätter
1 große Zwiebel
4 Knoblauchzehen
300 g Parmesan (gerieben)
200 ml Weißwein
etwas Olivenöl
Salz und Pfeffer

Petersilie waschen, abzupfen und klein hacken.

Zwei der Knoblauchzehen putzen und in Scheiben schneiden.
Rinderrouladen auf der Arbeitsfläche ausbreiten und mit Salz und Pfeffer würzen.

Rouladen mit den Pancettascheiben belegen.

Parmesan, Petersilie und Knoblauch gleichmäßig auf den Rouladen verteilen.
Rouladen zusammenrollen, an den Enden schließen und mit Zahnstochern fixieren.

In einem großen hohen Topf die Rouladen mit etwas Olivenöl rundherum anrösten.
Die Rouladen aus dem Topf nehmen und beiseitestellen.

Zwiebel und restlichen Knoblauch schälen, fein hacken, in den Topf geben und goldbraun anrösten.

Nun die Rouladen und den Lorbeer hinzugeben, kurz anrösten und mit Weißwein ablöschen. Den Wein verkochen lassen.

Die passierten Tomaten und die Tomatenpolpa mit in den Topf und umrühren.

Mit Salz und Pfeffer würzen und Basilikumblätter hineinzupfen.
Bei mittlerer Hitze zugedeckt ca. 3 Stunden köcheln lassen. Gegebenenfalls etwas Wasser hinzufügen und ab und zu umrühren.

Die Rouladen in tiefen Tellern mit reichlich Tomatensauce servieren.

So wird eine italienische Mahlzeit draus: Erst eine Pasta mit der Tomatensauce servieren, dann die Brasciole als zweiten Gang!

Kaninchen in Knoblauch

Ein traditionelles spanisches Gericht, das Enis Oma Encarna an Ostern gerne zubereitet hat. Einfach herrlich, wenn die langsam geköchelte Mandel-Knoblauch-Sauce mit ihrem Duft den Raum füllt! Nach dem Essen haben wir dann alle noch einen Hunni bekommen, also wir waren immer sehr happy mit dem Kaninchen.

Für 4 Portionen
Fertig in ca. 60 Minuten

1 ganzes Kaninchen (ca. 1,5 kg in Stücken)
6 Knoblauchzehen
150 g Mandeln (natur)
30 g Mehl
1 Bund Petersilie
400 ml trockenen Weißwein
400 ml Hühnerbrühe
1 unbehandelte Zitrone
80 g Butter
etwas Olivenöl
Salz und Pfeffer

Knoblauch, Mandeln und Petersilie sehr fein hacken. Die Schale der Zitrone abreiben.

In einer großen, etwas höheren Pfanne 6 EL Olivenöl erhitzen, die Kaninchenstücke nach und nach hineinlegen und goldbraun anbraten. Salzen und pfeffern.

Kaninchen in der Pfanne etwas beiseiteschieben, Knoblauch und Mandeln für 3–4 min anschwitzen, ggf. etwas Olivenöl dazugeben. Petersilie hinzufügen und mit anrösten.

Den Weißwein dazu und komplett verkochen lassen. Brühe dazu und bei mittlerer bis geringer Hitze ca. 40 min köcheln lassen. Den Abrieb der Zitrone hinzufügen.

Die Butter in Mehl wenden und zum Verdicken in die Sauce geben.

Mit Salz und Pfeffer abschmecken.

Das Kaninchen in tiefen Tellern servieren – bitte mit reichlich Sauce!

Lammkoteletts al Forno

Für alle, die den intensiven Lammgeschmack nicht so mögen, habe ich die Koteletts mit lauter leckeren Zutaten in den Ofen gepackt. Ein sehr beliebtes Fleischgericht zu Ostern – schmeckt aber jederzeit köstlich!

Für 4 Portionen
Fertig in ca. 80 Minuten

800–1.000 g Lammkoteletts
200 g Cherrytomaten
4 Kartoffeln (festkochend)
1 Brokkoli
1 rote Zwiebel
2 Knoblauchzehen
2 Rosmarinzweige
2 Lorbeerblätter
2 unbehandelte Zitronen
200 ml Prosecco
etwas Olivenöl
Salz und Pfeffer
einige Scheiben Brot

Zwiebel schälen halbieren und in feine Scheiben schneiden.

Knoblauch schälen und fein hacken.

Rosmarin waschen, trocken tupfen und abzupfen.

Brokkoli waschen und in kleine Röschen schneiden.

Kartoffeln schälen und längs vierteln.

Cherrytomaten waschen und halbieren.

Lammkoteletts und alle anderen Zutaten auf ein Backblech legen, mit Salz und Pfeffer würzen, Zitronensaft darüber auspressen und alles zugedeckt für 20 min marinieren.

Backofen auf 200° Ober-/Unterhitze vorheizen.

Alles in eine gefettete, feuerfeste Form geben und für 40 min in den Ofen schieben, bis die Koteletts schön kross sind.

Auf flache Teller verteilen und mit Brotscheiben servieren!

Ossobuco vom Kalb

Mein persönliches Lieblingsgericht! Für mich darf das Fleisch ja gerne stundenlag im Ofen schmoren und dann nehme ich am liebsten noch drei Liter Sauce dazu, wie sich das für einen echten Schwaben gehört. Mindestens einmal im Monat kommt deshalb bei uns das klassische Ossobuco auf den Tisch. Zumindest in der Winterzeit. Der Geruch, der sich da in der Küche breitmacht, erinnert mich an die Familienessen bei der Nonna und wie alle mit ihren Brotstücken in der Backofenform die Scarpetta machten (also das Brot in Sauce tunkten). Ich kam da nie zu kurz.

Für 4 Portionen
Fertig in ca. 150 Minuten

8 mittelgroße Kalbsbeinscheiben
5 Schalotten
3 Karotten
3 Stangen Staudensellerie
3 Knoblauchzehen
4 Lorbeerblätter
1 Bund Thymian
1 Bund Basilikum
200 ml Kalbsfond
800 g passierte Tomaten
200 g Tomatenmark
500 ml trockenen kräftigen Rotwein
1 unbehandelte Orange
1 unbehandelte Zitrone
1 TL Zucker
etwas Olivenöl
Salz und Pfeffer

Backofen auf 160° Ober-/Unterhitze vorheizen.
Gesamtes Gemüse schälen, in sehr feine Würfel hacken und beiseitestellen.

Basilikum und Thymian waschen, abtupfen und klein hacken.

In einer großen Pfanne 8 EL Olivenöl erhitzen. Kalbsbeinscheiben mit Salz und Pfeffer würzen und beidseitig goldbraun anbraten. Fleisch aus der Pfanne nehmen und beiseitestellen. Nun das gewürfelte Gemüse in der gleichen Pfanne für ca. 10 min anschwitzen. Tomatenmark und Zucker hinzufügen und anrösten.

Kalbsbeinscheiben wieder hineinlegen und noch mal kurz mit anbraten.
Alles mit Rotwein ablöschen und den Wein in 4–5 min verkochen lassen.

Passierte Tomaten, Kalbsfond und Kräuter hinzugeben und 5 min kochen lassen.
Zitronen- und Orangenschale abreiben.

Fleisch mit Gemüse und Sauce in eine große feuerfeste Form geben.

Den Abrieb von Zitrone und Orange unterrühren und alles zugedeckt ca. 2 Stunden schmoren lassen. Kurz ruhen lassen, dann servieren.

Schmeckt hervorragend mit Polenta oder Kartoffelpüree!

Saltimbocca alla Romana

Aus Respekt vor der italienischen Hauptstadt haben wir diesen Klassiker in seiner reinen Form belassen. Wir wollen uns schließlich nicht mit den Römern anlegen. Wichtig ist hier neben dem guten Schinken auch der Weißwein, nehmt da bitte einen, den Ihr auch so trinken würdet, also einen richtig leckeren.

Für 4 Portionen
Fertig in ca. 30 Minuten

8 Scheiben Kalbsrücken à 150 g
8 Scheiben San-Daniele-Schinken
8 Salbeiblätter
200 ml trockenen Weißwein
250 ml Kalbsfond
100 ml Butter
Mehl
Salz und Pfeffer

Kalbsschnitzel einzeln zwischen zwei Gefrierbeutel legen und mit dem Fleischklopfer kurz abklopfen.

Die Schnitzel pfeffern (nicht salzen!).

Jedes Kalbsschnitzel mit einem Blatt Salbei und einer Scheibe Schinken belegen.

Die Schnitzel kurz ins Mehl drücken, dann in einer großen Pfanne mit etwas Olivenöl goldbraun braten. Immer zuerst die Schinkenseite braten!

Mit Weißwein ablöschen und den Wein für 3–4 min verkochen lassen. Mit Kalbsfond aufgießen und mit Salz und Pfeffer abschmecken.

Für 5–7 min bei mittlerer Hitze köcheln lassen und mit Butter abbinden, bis die Sauce eine cremige Konsistenz hat.

Schmeckt supergut zu Risotto oder Rosmarinkartoffeln!

Spare Ribs Peperoncino

Als ich die das erste Mal zu Hause gemacht habe, war meine schwäbische Frau nicht gerade begeistert, dass der Ofen 18 Stunden lang läuft. Aber das Ergebnis war so sensationell, dass sogar sie der Meinung ist, dass sich die Garzeit lohnt. Also Geiz ist vielleicht geil, aber die Spare Ribs sind halt geiler. Finden übrigens auch unsere amerikanischen Gäste! Am besten bestellt Ihr beim Metzger Eures Vertrauens fertig marinierte Spare Ribs mit Rosmarin, Knoblauch, Salz und Pfeffer einzeln im Vakuumbeutel. Dann erspart Ihr Euch die Anschaffung einer Vakuumiermaschine. Ach ja: Die BBQ-Sauce macht Ihr natürlich auch am Vortag!

Für 4 Portionen
Fertig in ca. 80 Minuten plus 18 Stunden garen lassen

Das braucht Ihr (oder Ihr holt alles fertig vom Metzger):

4 Schweinerippchen à 800 g vom Ibericoschwein
4 Rosmarinzweige
4 Knoblauchzehen
etwas Olivenöl
Salz und Pfeffer

Und für die BBQ-Sauce:

3 Knoblauchzehen
850 g geschälte Tomaten (Dose)
2 TL Tomatenmark
2 EL Zuckersirup
1 Lorbeerblatt
6 EL Honig
2 TL gemahlenen Kreuzkümmel (Kumin)
1 TL Chilipulver
100 ml Apfelessig
100 ml Worcestershiresauce

Spare Ribs im Vakuumierbeutel im Ofen bei 60° Umluft für 18 Stunden garen lassen.

Für die BBQ-Sauce den Knoblauch schälen und auspressen, dann zusammen mit den geschälten Tomaten, Tomatenmark, Sirup, Honig, Lorbeer, Kreuzkümmel, etwas Pfeffer und Chili in einem Topf aufkochen.
Alles etwa 30 min einkochen lassen, dabei mehrmals umrühren.

3/4 Liter Wasser, Essig und Worcestershiresauce dazugießen. Weitere 45 min einkochen lassen, mit Salz würzen. Lorbeer rausnehmen, dann die BBQ-Sauce abkühlen lassen und zugedeckt ca. 8 Stunden im Kühlschrank durchziehen lassen.

Nach Abschluss der Garzeit die Spare Ribs von der Folie trennen und mit der BBQ-Sauce bepinseln. Dann bei 200° Ober-/Unterhitze schön kross grillen.

Die übrige BBQ-Sauce zu den Spare Ribs servieren. Köstlich!

Am besten mit Krautsalat genießen!

Tagliata di Manzo

Klassisch, einfach, gut! Wenn die Fleischqualität stimmt. Also lieber mal auf ein hochwertiges Bioprodukt aus Eurer Region zugreifen, denn mit gutem Gewissen schmeckt's gleich noch mal so gut!

Für 4 Portionen
Fertig in ca. 30 Minuten

4 Stück Rinderroastbeef à 300 g
400 g Rucola
4 Cherrytomaten (am Strauch)
200 g Parmesanspäne
Balsamico
etwas Olivenöl
Salz und Pfeffer

Backofen auf 200° Ober-/Unterhitze vorheizen.

Steaks aus dem Kühlschrank holen und auf Zimmertemperatur anwärmen lassen.

Cherrytomaten am Strauch in einer Backform auf Backpapier auslegen, mit etwas Olivenöl beträufeln und mit Salz und Pfeffer würzen.

Für etwa 10 min im Ofen rösten lassen. Währenddessen den Rucola in einer Schüssel mit Olivenöl, Balsamicoessig, Salz und Pfeffer anmachen.

Die Rindersteaks auf einen großen Teller legen, noch mal mit Olivenöl beträufeln und mit etwas Salz und Pfeffer würzen. Die Steaks wenden, bis sie rundum mit Öl benetzt sind.

Grillpfanne auf höchster Stufe stark erhitzen und die Steaks hineinlegen. Von jeder Seite kurz stark anbraten, dann auf mittlerer Hitze ca. 4 min pro Seite braten lassen, bis die Steaks „medium" sind.

Steaks aus der Pfanne nehmen und auf einem Schneidebrett für einige Minuten ruhen lassen.

Zum Anrichten die Steaks der Breite nach in etwa 2 cm große Stücke schneiden und auf den Tellern platzieren.

Mit dem marinierten Rucola belegen, Parmesanspäne sowie ein wenig Olivenöl darübergeben.

Zum Finale eine Tomate auf jeden Teller geben.

Zwei Dinge, auf die
ich immer achte, sind
nachhaltiger Anbau
und Frische.

Fisch & Meer

Gefüllte Calamari

Ein Weihnachtsessen, ob Ihr's glaubt oder nicht! Auf jeden Fall haben wir uns das immer von Enis spanischer Mama Elvira zu Heiligabend gewünscht. Das war für uns Weihnachtsstimmung pur. Danach noch Tombola, Karaokesingen, guten Wein trinken und die Welt war in Ordnung!

Für 6 Portionen
Fertig in ca. 1 Stunde

2 frische mittelgroße Calamari
4 Sardellenfilets in Öl
2 Rosmarinzweige
1 Bund Petersilie
1 Ei
2 Knoblauchzehen
2 unbehandelte Zitronen
3 EL Semmelbrösel
etwas Olivenöl
Salz und Pfeffer

Calamari von innen und außen waschen und Rückenschale entnehmen.

Haut abziehen und alles mit Küchenpapier abtrocknen.

Schale einer halben Zitrone abreiben und beiseitestellen.

Calamari mit dem Saft einer halben Zitrone beträufeln und beiseitelegen.

Für die Füllung Fangarme und eventuell einen Teil des Beutels (insgesamt 200 g) mit einem scharfen Messer zerkleinern und in eine Schüssel geben.

1 TL Rosmarin und die Petersilie fein hacken und untermischen.

Sardellenfilets kurz abspülen und trocken tupfen. Ebenfalls klein hacken und ab in die Schüssel. Knoblauch dazupressen.

Semmelbrösel, die abgeriebene Zitronenschale und das Ei dazugeben.
Alles gründlich mischen, mit Salz und Pfeffer würzen (mit Salz vorsichtig umgehen, da die Sardellenfilets schon recht würzig sein können). Backofen auf 200° Ober-/ Unterhitze vorheizen.

Die vorbereiteten Calamarituben mit der Mischung füllen.

Die Öffnung der gefüllten Tintenfischbeutel mit Holzspießen verschließen.

Calamari nebeneinander in eine feuerfeste, gefettete Form geben.

Rundum mit reichlich Olivenöl bestreichen, salzen, pfeffern und mit etwas Rosmarin bestreuen.

Im Ofen für ca. 40 min backen.

Danach 3 min ruhen lassen, in etwa 4–5 cm große Ringe schneiden und auf flachen Tellern servieren.

Baccalà Arraganato

Die einfachste Art, Fisch zuzubereiten, und eine der leckersten Arten, um Stockfisch zu genießen. Übrigens auch der einzige Fisch, den meine Tante mega gut zubereitet hat (ich hab das Rezept aber noch ein bisschen verfeinert).

Für 4 Portionen
Fertig in ca. 45 Minuten

800 g frischen entsalzten Baccalà (Stockfisch)
200 g Cherrytomaten
1 Bund Petersilie
4 Knoblauchzehen
80 g Parmesan (gerieben)
150 ml Weißwein
etwas Olivenöl
Salz und Pfeffer

Petersilie waschen, abtupfen und fein hacken.

Cherrytomaten vom Strauch trennen und waschen.

Stockfisch in Stücke à ca. 200 g schneiden. Auf einem Backblech ausbreiten.

Knoblauch in Scheiben schneiden und auf dem Stockfisch verteilen.

Petersilie und Parmesan darüberstreuen.

Cherrytomaten etwas auf dem Fisch zerdrücken und drauflegen.

Etwas Olivenöl über den Fisch träufeln und den Weißwein auf das Backblech gießen.

Frisch gemahlenen Pfeffer darübergeben und bei 200° Ober-/Unterhitze für 20–30 min im Ofen garen.

Eventuell mit Salz abschmecken, falls der Fisch nicht schon salzig genug ist.

Portionsweise auf den Tellern verteilen und mit etwas Sauce vom Blech beträufeln.

Chipirones Fritos

Die dürfen bei keinem echten Tapas-Abend fehlen! Habe ich in einer abgeratzten spanischen Bar kennengelernt, wo man die Chipirones aus einem kleinen Papierhörnchen zum Fußball futtert. Nach dem Frittieren muss man zwar die Wohnung lüften, aber das lohnt sich!

Für 4 Portionen
Fertig in ca. 30 Minuten

2 kg Chipirones (Babyoktopusse)
2 unbehandelte Zitronen
200 g Weizenmehl
1/2 Knoblauchzehe
1 Ei
Bratöl zum Frittieren
etwas natives Sonnenblumenöl
etwas Olivenöl
etwas Weißweinessig
Salz und Pfeffer

Babyoktopusse waschen und säubern. Trocken tupfen, mit Salz und Pfeffer würzen.

Knoblauchzehe klein hacken.

Für die Alioli den Knoblauch, das Ei, eine Prise Salz, einen Schuss Olivenöl und einen Schuss Essig in einen hohen Behälter geben.

Stabmixer bis zum Boden des Behälters drücken und einfach nur anmachen, nicht rühren.

Sobald die Knoblauchcreme am Emulgieren ist, den Stabmixer langsam hoch und runter bewegen, bis eine samtige Creme entsteht. Mixer ausschalten und die Alioli kalt stellen.

Die Oktopusse im Mehl wenden und in sehr heißem Öl in einem hohen Topf oder natürlich in einer Fritteuse frittieren, bis sie goldbraun gebacken sind.

Sehr heiß servieren. Dazu gibt's für jeden eine Schale Alioli zum Dippen und eine Zitronenspalte, um sie über den Chipirones auszupressen.

Moscardini in Umido

Wir Carbonaros kommen ja ursprünglich aus Süditalien, so wie dieses Gericht, eine echte Leibspeise von meinem Bruder Michele und mir. Allzu oft hat es meine Mutter leider nicht gekocht, weil es die Babysepia damals in Deutschland kaum zu kaufen gab. Trotzdem erweckt es noch heute jedes Mal in mir eine glückliche Kindheitserinnerung!

Für 4 Portionen
Fertig in ca. 45 Minuten

2 Moscardini (Babysepia)
350 g Erbsen (tiefgekühlt)
400 g stückige Tomaten (Dose)
1 Bund Petersilie
2 Lorbeerblätter
1 Thymianzweig
2 Zwiebeln
3 Knoblauchzehen
1 Chilischote
250 ml trockenen Weißwein
etwas Olivenöl
Salz und Pfeffer

Babysepia waschen und abtupfen.

Zwiebeln und Knoblauch schälen und fein hacken.

Thymian, Chilischote und Petersilie fein hacken.

In einem großen Topf Zwiebeln, Knoblauch und Chilischote mit 4 EL Olivenöl scharf anbraten.

Moscardini hinzufügen und 3–4 min anbraten, bis der Saft verkocht ist.

Kräuter hinzugeben, mit Weißwein ablöschen und den Wein etwa 4 min verkochen lassen.

Jetzt die stückigen Tomaten und die Erbsen dazu. Tomatendose zur Hälfte mit Wasser füllen und zu den Moscardini geben.

Zugedeckt bei mittlerer Hitze für ca. 30 min köcheln lassen. Mit Salz und Pfeffer abschmecken.

Dazu ein paar Scheiben Bauernbrot mit Olivenöl und Knoblauch bestreichen und in der Pfanne anrösten – Wahnsinn!

Ofen-Dorade

Ich weiß, nicht jeder nimmt einen Fisch gerne selber aus und filetiert ihn, aber glaubt mir, wenn man es ein paar Mal gemacht hat, schmeckt jeder Fisch noch einen Tick besser und saftiger. Wenn Ihr Euch nicht überwinden könnt, nehmt Ihr fertige Doradenfilets und verkürzt die Garzeit.

Für 4 Portionen
Fertig in ca. 40 Minuten

4 Doraden (ausgenommen, entschuppt)
2 Frühlingszwiebeln
200 g Cherrytomaten
1 Karotte
1 Fenchelknolle
20 Oliven (grün und schwarz)
3 Knoblauchzehen
1 Chilischote
1 Bund gemischte Kräuter (z. B. Rosmarin, Basilikum, Thymian)
150 ml Weißwein
etwas Olivenöl
Salz und Pfeffer

Frühlingszwiebeln und Fenchel putzen (Fenchelgrün aufbewahren), Karotte schälen und alles in etwa 0,5 cm dicke Scheiben schneiden.

Tomaten halbieren, Knoblauch schälen. Knoblauch und Chili in Scheiben schneiden.

1 EL Olivenöl in einer Pfanne stark erhitzen, Frühlingszwiebeln, Fenchel und Karotte hinein, nach 4–5 min Tomaten, Knoblauch sowie Chili und Oliven unterrühren.

Für weitere 2–3 min braten. Währenddessen die Fische anritzen und auf einem Backblech verteilen.

Backofen auf 200° Ober-/Unterhitze vorheizen.

Die Kräutermischung mit dem Fenchelgrün fein hacken und zu den Fischen geben.

Das Gemüse mit dem Weißwein ablöschen und kurz aufkochen, dann alles auf dem Fisch verteilen.

Mit Salz und Pfeffer würzen und für 25 min im Ofen garen.

Doraden vorsichtig vom Backblech nehmen und auf Teller verteilen – so kann jeder seine Dorade selbst filetieren.

Gegrillter Oktopus mit lila Kartoffeln

In der veganen Bar von Enis Tante Rosa in Valencia habe ich die peruanischen lila Kartoffeln kennengelernt und sozusagen für dieses Gericht stibitzt. Und da ich kein Veganer bin, habe ich dazu noch einen leckeren Oktopus gegrillt. Die Kombination ist ein wahrer Genuss – und ein Fest fürs Auge!

Für 8 Portionen
Fertig in ca. 1 Stunde und 20 Minuten

2 kg großen Oktopus (ausgenommen)
1 kg lila Kartoffeln (Peru)
2 Sardellenfilets in Öl
200 g reife Cherrytomaten
2 Knoblauchzehen
1 rote Chilischote
1 Bund Petersilie
180 ml Milch
30 g Butter
8 EL Olivenöl
etwas gemahlene Muskatnuss

Den Oktopus für 2 min in einen sehr großen, hohen Topf mit kochendem Wasser geben (wichtig: kein Salz!), dann auf einem großen Teller ablegen. Das Wasser wegschütten.

Knoblauch schälen und in dünne Scheiben schneiden, Chilischote in feine Ringe schneiden. Beides mit den Sardellen in 6 EL Öl bei mittlerer Hitze anschwitzen, bis alles weich ist, jedoch noch keine Farbe angenommen hat.

Die Fangarme des Oktopus über seinem Kopf zusammennehmen und ihn in den Topf geben. Tomaten und den Bund Petersilie dazu.

Zugedeckt ca. 35 min garen, bis der Oktopus weich ist. Beim Garen gibt der Oktopus eine Menge fantastische Flüssigkeit ab, die später als Pastasauce verwendet werden kann. Dann den Herd abstellen und den Oktopus in der Garflüssigkeit 15 min ruhen lassen.

Während der Garzeit das Püree zubereiten: Kartoffeln schälen und mittelgroße Stücke schneiden. In Salzwasser kochen, bis sie gar sind. Mit warmer Milch übergießen, Muskatnuss darüberreiben und Butterflocken hinzugeben.
Die lila Kartoffeln mit dem Kartoffelstampfer zu einem Püree zerdrücken, ggf. nachwürzen und beiseitestellen.

Den Oktopus auf ein Brett legen, Arme abschneiden, Kopf und Körper halbieren und alles in einer großen Pfanne mit 2 EL Olivenöl für einige Minuten goldbraun braten.

Püree in der Mitte des Tellers verteilen und mit dem Oktopus garnieren. Super Bonus: Aus der Garflüssigkeit gewinnt Ihr eine extra Pastasauce für den nächsten Tag!

Seeteufel mallorquinische Art

Im Oktober flippen die Mallorquiner alle aus. Denn da schwänzelt der „Llampuga" für ein paar Wochen in den seichten Gewässern um die Insel und der Fisch, auch bekannt als „Goldmakrele", darf nur dann gefangen werden. Ich mag weder den Hype noch den Fisch, aber ich mag seine traditionelle Zubereitung. Deshalb habe ich den Llampuga einfach gegen den ebenso hochwertigen Seeteufel ausgetauscht, der ist nicht nur einer meiner Lieblingsfische, sondern auch das ganze Jahr über leichter zu bekommen.

Für 4 Portionen
Fertig in ca. 60 Minuten

800 g Seeteufel
600 g Butter- oder Muskatkürbis
150 g Trompetenpilze
150 g Chorizo
50 g Stielkapern
15 reife Cherrytomaten
1 kleinen Bund Thymian
3 Knoblauchzehen
1 rote Zwiebel
1 Chilischote
1 Zitrone
200 ml Sherry (trocken)
etwas Olivenöl
Salz und Pfeffer

Den Ofen auf 180° Ober-/Unterhitze vorheizen.

Kürbis entkernen, schälen und in 2 cm dicke Scheiben schneiden. Dann in eine ofenfeste Form geben. Der Knoblauch kommt ungeschält dazu.

Zwiebel schälen und mit der Chilischote in dünne Ringe schneiden. Auch in die Form geben.

Chorizo und Tomaten in Würfel schneiden und mit den Thymianzweigen ebenfalls in die Auflaufform.

Alles salzen und pfeffern, mit etwas Öl beträufeln und dann mit den Händen vermischen. Für 25 min im heißen Ofen garen.

Während der Garzeit den Fisch waschen, mit Küchenpapier abtupfen und in eine Schüssel geben.
Die Pilze säubern, kleinere Pilze ganz lassen, größere in Stücke schneiden.
Etwas Olivenöl, Salz, Pfeffer sowie den Saft einer halben Zitrone dazugeben und die Pilze damit in einer Schüssel marinieren.

Sobald der Kürbis fertig gegart ist, den Seeteufel zwischen das Gemüse in die Form betten, die Pilze und den Sherry darüber verteilen und für weitere 25 min im Ofen garen. Jeweils ein bis zwei Stücke Seeteufel auf den Tellern verteilen und das Gemüse darüber anrichten. Ein paar Löffel Sauce dazu – fertig!

Steinbutt in Zitronensauce

Ich wusste immer, dass mein Schwiegervater Nico ein guter Gastronom ist, aber nicht, dass er auch kochen kann. Mit diesem sensationellen Gericht hat er mich total überzeugt. Fisch und Zitrone, das ist wie Topf und Deckel – diese Kombi ist einfach unglaublich! Das hier ist fast unverändert Nicos Rezept.

Für 4 Portionen
Fertig in ca. 45 Minuten

800 g Steinbuttfilet
4 Pak Choi
3 Knoblauchzehen
1 Chilischote
4 Zitronen
2 Schalotten
50 g Butter
200 ml Sahne
150 ml Fischfond
1 Bund Schnittlauch
50 ml Cognac
50 ml trockenen Weißwein
etwas Mehl
etwas Olivenöl
Salz und Pfeffer

Die Schalotten und den Knoblauch schälen und ganz fein hacken, dann alle Schalotten, aber nur eine Knoblauchzehe mit 1 EL Olivenöl in einer Pfanne oder einem Topf glasig anschwitzen. Mit Weißwein ablöschen und den Wein ca. 5 min verkochen lassen.

Mit Fischfond aufgießen und bei mittlerer Hitze 10 min köcheln lassen.

Schnittlauch in kleine Ringe schneiden. Den Saft der Zitronen in die Pfanne geben und Sahne, Schnittlauch und Butter unterrühren. Für weitere 5 min köcheln lassen und warmhalten. Pak Choi waschen und in feine Streifen schneiden.

In einer großen Pfanne etwas Olivenöl, den übrigen fein geschnittenen Knoblauch und die Chiliringe anbraten. Nun den Pak Choi hinzugeben und für 5 min goldbraun anbraten. Mit Cognac ablöschen, mit Salz und Pfeffer abschmecken und für weitere 2 min köcheln lassen.

Einen Schuss Wasser hinzugeben und weitergaren, bis der Pak Choi gar, aber noch bissfest ist.

Jetzt die Steinbuttfilets mit Salz und Pfeffer würzen, in Mehl wenden und in einer Pfanne mit Olivenöl beidseitig goldbraun ausbacken.

Die noch warme Zitronensauce mit einem Stabmixer in einem Topf kurz aufschäumen.

Den Pak Choi in der Mitte des Tellers anrichten, darauf die Steinbuttfilets legen, die Zitronensauce auf den Tellern verteilen. Die übrige Sauce zum Essen reichen.

Zarzuela

Ein beliebter Sonntagsbrauch in Südspanien. Traditionell wird die Zarzuela in einem Tontopf auf offenem Feuer zubereitet. Das ist in einer normalen Küche allerdings nicht sehr praktikabel. Solltet Ihr also gerade keinen Tontopf zur Hand haben, klappt das Gericht auch auf dem Grill im Garten oder auf dem Balkon. Dauert vielleicht etwas länger, aber der Geschmack ist unübertrefflich!

Für 4 Portionen
Fertig in ca. 40 Minuten

2 Doradenfilets
(entschuppt und entgrätet)
400 g Miesmuscheln
und Venusmuscheln gemischt
200 g Calamarituben
4 Scampi
680 g Tomatenpassata
100 g Kichererbsen (aus dem Glas)
1 Zwiebel
1 Knoblauchzehe
1 große Kartoffel
1 Stange Staudensellerie
1 Bund Petersilie
1 Chilischote
150 ml Wermut (trocken)
etwas Olivenöl
4 dicke Scheiben Brot

Die Muscheln ggf. waschen und putzen. Die Calamari in Ringe schneiden.

Zwiebel, Knoblauch, Sellerie und Kartoffeln schälen. Zwiebel, Knoblauch und Chilischote sowie Petersilienstängel fein hacken. Sellerie und Kartoffeln in etwa 1 cm große Stücke schneiden.

Das Gemüse mit 2 EL Olivenöl in einem großen Topf (oder Tontopf) bei mittlerer Hitze auf dem offenen Feuer für 10 min anschwitzen.

Den Wermut unterrühren und 2 min köcheln lassen.

Die Passata angießen, die Flasche zur Hälfte mit Wasser füllen und dazugeben.
Mit Salz und Pfeffer abschmecken.

Fisch und Scampi in den Topf legen und in die Sauce drücken. Für etwa 15 min weiter schwach köcheln lassen.
Muscheln und Kalamari sowie die abgetropften Kichererbsen hinzugeben.
Alles soll mit Flüssigkeit bedeckt sein (ggf. mit etwas Wasser auffüllen).

Einige Minuten weiterköcheln lassen, bis sich alle Muscheln geöffnet haben.

Währenddessen Petersilienblätter abzupfen und beiseitestellen.

In vier Suppenschalen je 1 Scheibe Brot legen (nach Belieben auch geröstet).
Den Fischeintopf darüberschöpfen und mit der Petersilie garnieren.

In einem mediterranen Land die Küche eines anderen mediterranen Landes zu platzieren, ist gar nicht so einfach.

Vegetarisch

Erbsen „Poverella"

Es muss nicht immer luxuriös und aufwendig sein. Dieses „Arme-Leute-Gericht" ist total einfach, schnell zubereitet und schmeckt trotzdem ganz fabelhaft!

Für 4 Portionen
Fertig in ca. 40 Minuten

800 g Erbsen (tiefgekühlt)
2 große Zwiebeln
1 1/4 l Gemüsebrühe
1 Bund Petersilie
4 Eier
50 g Parmesan
etwas Olivenöl
Salz und Pfeffer

Zwiebeln schälen und in feine Würfel schneiden.

Petersilie waschen, abtupfen und fein hacken.

Die Zwiebeln in einer großen Pfanne mit hohem Rand mit etwas Olivenöl anschwitzen, bis sie glasig sind. Die Petersilie hinzufügen und kurz mit anbraten.

Die Erbsen hinzugeben und für weitere 5–6 min anbraten.

Mit Gemüsebrühe auffüllen und ordentlich mit frisch gemahlenem Pfeffer und – ganz nach Geschmack – auch Salz würzen.

Die Erbsen für ca. 15 min köcheln lassen, bis der Sud um die Hälfte reduziert ist.

Die Eier roh auf die Erbsen geben, den Parmesan darüber verteilen und den restlichen Sud zugedeckt einkochen lassen. Nicht umrühren.

Noch mal Pfeffer darübermahlen, einen Schuss natives Olivenöl hinzugeben und am besten gleich aus der Pfanne genießen.

Übrigens: Die „armen Erbsen" funktionieren auch mit dicken Bohnen, je nachdem, was man gerade im Gefrierschrank hat.

Kichererbseneintopf

Im Winter darf es ruhig mal etwas deftiger sein. Dieser Eintopf ist trotzdem gesund und versorgt Euch mit vielen Vitaminen für die kalte Jahreszeit.

Für 4 Portionen
Fertig in ca. 50 Minuten

2 Gläser Kichererbsen (à 440 g)
2 Kartoffeln (mehlig kochend)
1 rote Zwiebel
1 Knoblauchzehe
1 Chilischote
1 Bund Schnittlauch
1 TL Kurkuma
200 ml Sherry (trocken)
750 ml Gemüsebrühe
etwas Olivenöl
frisch gemahlenen Pfeffer

Zwiebeln, Knoblauch und Kartoffeln schälen und in grobe Stücke schneiden.

Chilischote und Schnittlauch in feine Ringe schneiden.

Kichererbsen in einem Sieb unter laufendem Wasser abspülen.

In einem großen Topf Olivenöl erhitzen und das Gemüse (bis auf die Kichererbsen) ca. 10 min goldbraun anrösten.

Kurkuma hinzugeben und weitere 2 min mitbraten.

Mit Sherry ablöschen und den Alkohol verkochen lassen.

Kichererbsen hinzufügen und mit der Gemüsebrühe auffüllen. Für weitere 25 min köcheln lassen, bis die Kartoffeln gar sind und sich eine cremige Konsistenz ergibt.

In tiefen Tellern servieren und einen Schuss Olivenöl und frisch gemahlenen Pfeffer hinzufügen.

Linseneintopf mit geräuchertem Tofu und Ingwer

Ein schnelles vegetarisches „Super Food"-Gericht, schön schlicht, für die gesunde Ernährung und das gute Gewissen.

Für 4 Portionen
Fertig in ca. 40 Minuten

2 Gläser Linsen (à 440 g)
200 g geräucherten Tofu
250 g Cherrytomaten
2 Karotten
1 Stange Lauch
4 Schalotten
30 g frischen Ingwer
2 Thymianzweige
750 ml Gemüsebrühe
etwas Olivenöl
frisch gemahlenen Pfeffer

Schalotten, Karotten, Lauch und Ingwer schälen und in feine Ringe schneiden.

Linsen in einem Sieb unter laufendem Wasser abspülen.

Cherrytomaten waschen und halbieren.

Thymian waschen, trocken tupfen und abzupfen.

Schalotten-, Ingwer- und Karottenringe ca. 10 min in einem großen Topf mit etwas Olivenöl anbraten, bis das Gemüse weich ist.

Jetzt Cherrytomaten und Thymian hinzugeben und alles 5 min schmoren lassen.

Die Linsen dazu und mit der Gemüsebrühe auffüllen. Für ca. 15 min köcheln lassen.

Währenddessen den Tofu in grobe Würfel schneiden und in einer Pfanne mit etwas Olivenöl von allen Seiten anbraten.

Die Linsensuppe in tiefe Teller verteilen und mit den Tofuwürfeln garnieren, einen Schuss Olivenöl und frisch gemahlenen Pfeffer darübergeben.

Parmigiana

Die Auberginenlasagne aus Apulien ist zwar etwas aufwendiger, lohnt sich aber allemal. Wer mag, macht einfach die doppelte Portion in zwei Auflaufformen und friert den Rest portionsweise ein. Am besten schmeckt die Parmigiana, wenn sie etwas geruht hat – also ruhig lauwarm genießen! Und am nächsten Tag ist sie sogar noch besser!

Für 6 Portionen
Fertig in ca. 1,5 Stunden

4 Mozzarella à 125 g
700 ml Tomatenpassata (1 große Flasche)
3 Auberginen
3 Knoblauchzehen
1 Bund Basilikum
5 Eier
500 g Parmesan (gerieben)
200 g Mehl
Bratöl zum Frittieren
etwas Olivenöl

Knoblauch nur schälen und mit etwas Olivenöl in einem großen Topf anbraten.

Die Tomatenpassata hinzufügen. Die Flasche zu 3/4 mit Wasser füllen (ca. 500 ml) und auch dazu geben.

Mit Salz und Pfeffer würzen und Basilikumblätter hineinzupfen.

Die Tomatensauce bei mittlerer Hitze ca. 20 min köcheln lassen und danach noch mal abschmecken.

Die Auberginen waschen, trocken tupfen, Stiel abtrennen, dann der Länge nach in ca. 0,5 cm feine Scheiben schneiden.

Die Eier in einem tiefen Teller aufschlagen und mit Salz und Pfeffer würzen.

Das Mehl auf einem Küchenpapier verteilen.
Eine große Pfanne (oder Fritteuse) mit Frittieröl füllen und erhitzen.

Ofen auf 200° Ober-/Unterhitze vorheizen.

Die Auberginenscheiben nacheinander zuerst ins Ei tunken, dann im Mehl wenden und schließlich frittieren, bis sie goldgelb sind. Auf Küchenpapier abtropfen lassen. Wenn alle Auberginen frittiert sind, den Mozzarella in grobe Würfel schneiden.

Nun in einer großen feuerfesten Form zuerst mit etwas Sauce den Boden bedecken. Dann eine Lage Auberginen, diese mit Mozzarella, Parmesan und Tomatensauce bedecken. Darüber noch mal eine Lage Auberginen und so weiter, bis alles aufgebraucht ist.

Zum Abschluss etwas Tomatensauce mit Parmesan darübergeben.

Die Parmigiana für 30–35 min im Ofen ausbacken, bis sie schön angeröstet ist.

Die Parmigiana schmeckt am besten, wenn sie sich einige Stunden gesetzt hat und wieder warm gemacht wird – oder gleich für den Folgetag einplanen!

Zwischen zwei Scheiben Brot ist die kalte Parmigiana auch ein toller Snack für unterwegs!

Manchmal
ist auch das
Einfachste das
Beste.

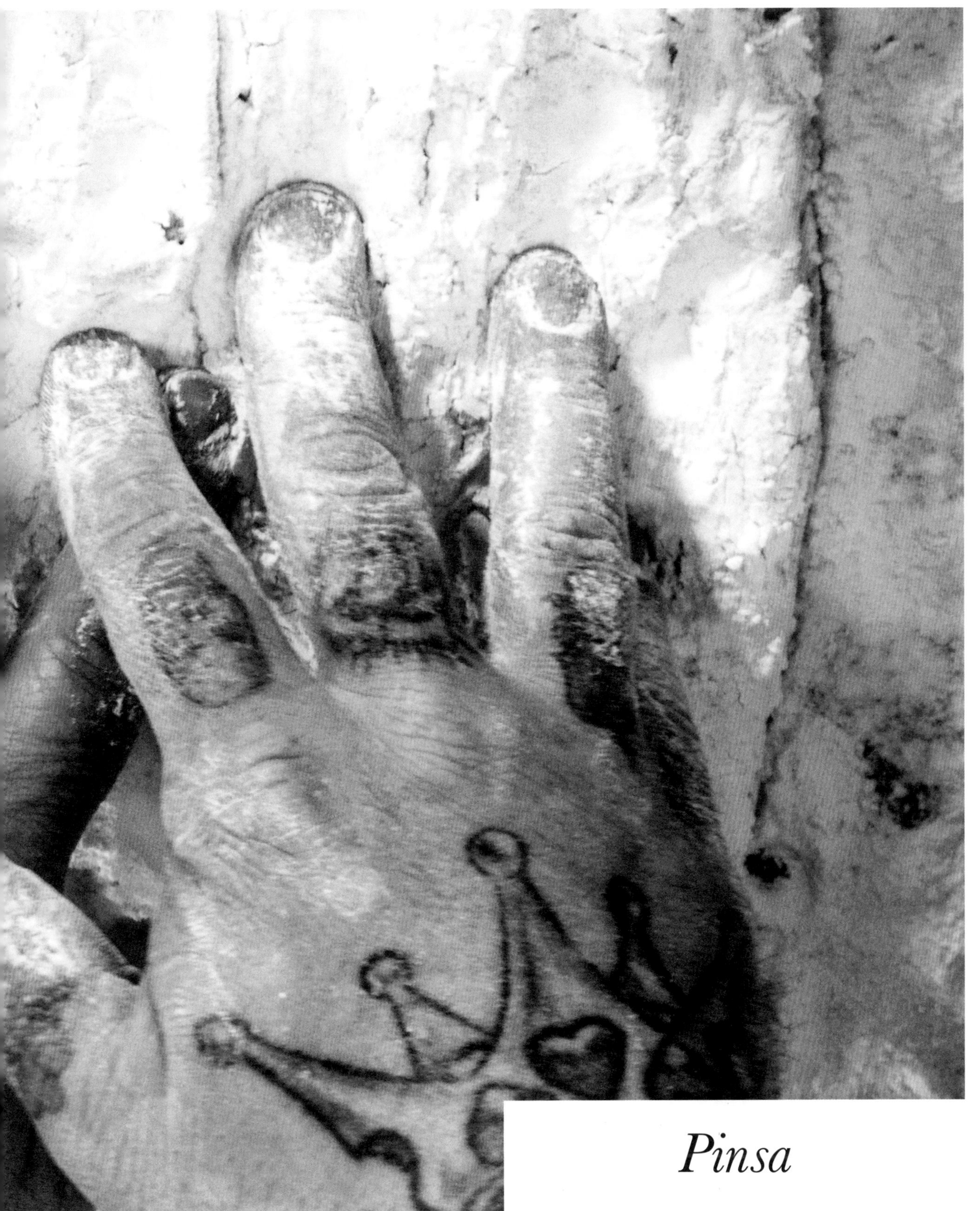

Pinsa

Pinsa
Grundrezept

Die aus Rom stammende Pinsa ist ein vollwertiger Pizza-Ersatz und etwas bekömmlicher. Das Grundrezept ist etwas aufwendiger, macht daher am besten die doppelte Menge und friert die vorgebackenen Pinsa-Böden ein. Wenn Ihr den Teig nicht selber machen wollt, könnt Ihr die Teiglinge auch fertig kaufen. Achtet dann aber bitte auf die Marke „Pinsa Romana di Marco" – das ist das Original. Die Pinsa könnt Ihr im Prinzip mit allem belegen, wozu Ihr Lust habt. Meine Lieblingsvarianten seht Ihr auf den nächsten Seiten.

Für 4 Portionen
Fertig in ca. 1 Stunde plus mind. 24 Stunden Ruhezeit

600 g Weizenmehl Typ "00"
30 g Reismehl
20 g Sojamehl
500 ml Wasser
5 g Trockenhefe
10 g Salz
10 g Olivenöl

Alle Mehle in eine große Rührschüssel geben. Trockenhefe sowie 400 ml Wasser hinzufügen.

Alles langsam mit dem Handrührgerät mit Knethaken vermengen und etwa 1 min kneten. Dann für ca. 7–8 min etwas schneller kneten.

Nun das restliche Wasser, das Salz und das Olivenöl hinzufügen und weitere 5–7 min kneten. Wenn Euch der Teig sehr feucht vorkommt, keine Sorge, das soll so sein.

Knethaken in der Schüssel lassen und den Teig für 30 min gehen lassen. Währenddessen den Teig alle 10 min 3–4 mal kneten, damit er sich mit Luft füllt.
Nach etwa 30 min, wenn der Teig so fest ist, dass er sich um die Knethaken wickelt, die Schüssel samt Knethaken zudecken und für mindestens 24 Stunden in den Kühlschrank stellen. Ihr könnt den Prozess des Aufgehens auch bis auf 150 Stunden verlängern, müsst Ihr aber nicht.

Den fertig aufgegangenen Teig in vier gleiche Stücke aufteilen und brötchenartige Kugeln formen.

Ein Backblech mit Olivenöl fetten und die Kugeln darauf verteilen. Jetzt die Teiglinge weitere 3 bis 4 Stunden bei Zimmertemperatur bis zur doppelten Größe weiter aufgehen lassen.

Backofen auf 200° Ober-/Unterhitze vorheizen.

Arbeitsfläche mit etwas zusätzlichem Reismehl bestreuen. Die Teiglinge mit den Händen oval formen, sodass sie etwa 20 cm lang und 1 cm hoch sind.

Die Pinsa im Backofen für 4–6 min vorbacken.

Die Pinsa-Böden herausholen und auf einem Backofengitter abkühlen lassen. Dann nach Wunsch (oder nach meinen nachfolgenden Vorschlägen) belegen und fertig backen.

Meine Faustregel: 1 Pinsa = Vorspeise für 2–4 Personen oder Hauptgang für 1 Person.

Pinsa
Bruschetta

Die klassische Bruschetta darf natürlich bei keinem italienischen Abendessen fehlen. Frische Tomaten, Oregano, Knoblauch und Olivenöl in Kombi, so duftet Italien!

Für 4 Portionen
Fertig in ca. 20 Minuten

4 vorgebackene Pinsa (siehe Grundrezept Seite 184)
500 g Strauchtomaten oder San-Marzano-Tomaten
1 Bund Basilikum
3 Knoblauchzehen
15 g Oregano
50 ml Olivenol
Salz und Pfeffer

1–2 Pinsa nach dem Grundrezept zubereiten.

Backofen auf 200° Ober-/Unterhitze vorheizen.

Tomaten vom Strunk trennen, waschen, in kleine Würfel schneiden und in eine Schüssel geben.

Knoblauch schälen, Keime entfernen, in feine Scheiben schneiden und zu den Tomaten geben.

Basilikum waschen, abtupfen, Blätter in feine Streifen schneiden und auch in die Schüssel.

Oregano und Olivenöl dazu, ordentlich salzen und pfeffern.

Die Pinsa-Böden mit etwas Olivenöl bepinseln und ca. 6–7 min im Ofen backen.

Pinsa aus dem Ofen nehmen und mit der Tomaten-Gewürz-Mischung belegen.

Pinsa mit Chorizo und Oliventapenade

Mallorca auf die Pinsa zu bringen, ist gar nicht schwer. Wenn Ihr eine scharfe Chorizo bevorzugt, schmeckt es genauso gut – nur noch etwas spanischer.

Für 4 Portionen
Fertig in ca. 20 Minuten

4 vorgebackene Pinsa (siehe Grundrezept Seite 184)
100 g Oliventapenade
300 g Chorizo
150 g Stielkapern
150 g schwarze Oliven
2 Rosmarinzweige

1–2 Pinsa nach dem Grundrezept zubereiten.

Backofen auf 200° Ober-/Unterhitze vorheizen.

Chorizo in feine Scheiben schneiden.

Die Oliventapenade mit einem Pinsel auf die Pinsa-Böden verteilen.

Mit Chorizo belegen, Oliven und Kapern dazugeben.

Rosmarin abzupfen und darüber verteilen.

Für 7–8 min im Ofen backen.

Pinsa mit Burrata und Serranoschinken

Die cremige Burrata auf der noch warmen Pinsa zu verteilen, ist ein wahrer Genuss!

Für 4 Portionen
Fertig in ca. 20 Minuten

4 vorgebackene Pinsa (siehe Grundrezept Seite 184)
4 Stück Burrata à 125 g
16 Scheiben Serranoschinken
250 g Cherrytomaten
2–3 Stängel Basilikum
etwas Olivenöl

1–2 Pinsa nach dem Grundrezept zubereiten.

Backofen auf 200° Ober-/Unterhitze vorheizen.

Burrata aus dem Kühlschrank holen und beiseitestellen.

Pinsa-Böden mit etwas Olivenöl bepinseln.

Cherrytomaten halbieren und auf den Böden verteilen.

Für 7–8 min im Ofen backen.

Danach jede Pinsa mit jeweils einer handzerpflückten Burrata belegen.

Schinkenscheiben zu kleinen Röschen formen und auf der Pinsa verteilen.

Etwas Olivenöl darübergeben und mit gezupften Basilikumblättern garnieren.

Pinsa mit Mortadella und Pistazienmus

Die frisch geschnittene Mortadella und dazu der rauchige Geruch des Scamorza – ein echtes Gedicht!

Für 4 Portionen
Fertig in ca. 20 Minuten

4 vorgebackene Pinsa (siehe Grundrezept Seite 184)
4 EL Pistazienmus (ungesüßt)
16 Scheiben Mortadella
250 g gelbe Cherrytomaten
300 g geräucherten Scamorza
etwas Olivenöl

1–2 Pinsa nach dem Grundrezept zubereiten.

Backofen auf 200° Ober-/Unterhitze vorheizen.

Scamorza in kleine Würfel schneiden.

Pinsa-Böden mit etwas Olivenöl bepinseln.

Cherrytomaten halbieren und auf der Pinsa verteilen. Scamorza hinzufügen.

Für 7–8 min im Ofen backen.

Das Pistazienmus auf der Pinsa verteilen und mit den Mortadellascheiben garnieren.

Pinsa mit Salsiccia und Taleggio

Wer Käse mag, wird den cremig-würzigen Taleggio lieben. In Kombination mit der Salsiccia, die meist Fenchelsamen enthält, ein deftiger Hochgenuss!

Für 4 Portionen
Fertig in ca. 20 Minuten

4 vorgebackene Pinsa (siehe Grundrezept Seite 184)
400 g Salsiccia
400 g Taleggio
4 EL Trüffelcreme
200 g frischen Blattspinat
etwas Olivenöl
Salz und Pfeffer

1–2 Pinsa nach dem Grundrezept zubereiten.

Backofen auf 200° Ober-/Unterhitze vorheizen.

Pinsa-Böden mit etwas Olivenöl bepinseln.

Spinat in feine Streifen schneiden und darüber verteilen.

Salsiccia und Taleggio darüberbröckeln, salzen und pfeffern.

Trüffelcreme mit einem Teelöffel in kleinen Häufchen auf der Pinsa verteilen.

Für 7–8 min im Ofen backen.

Pinsa mit Spargel und getrockneten Tomaten

Kann man – je nach Saison und Vorliebe – auch mit weißem Spargel machen.

Für 4 Portionen
Fertig in ca. 30 Minuten

4 vorgebackene Pinsa (siehe Grundrezept Seite 184)
500 g grünen Spargel
150 g getrocknete Tomaten
4 Frühlingszwiebeln
200 g Sauce Hollandaise (fertig)
etwas Olivenöl
Salz und Pfeffer

1–2 Pinsa nach dem Grundrezept zubereiten.

Backofen auf 200° Ober-/Unterhitze vorheizen.

Frühlingszwiebeln in feine Ringe schneiden.

Spargel schälen und in schräge Scheiben schneiden.

Getrocknete Tomaten in feine Streifen schneiden.

Zwiebeln und Spargel in einer Pfanne mit 1 EL Olivenöl anschwitzen, bis die Zwiebel goldbraun ist.

Die Pinsa-Böden mit der Sauce Hollandaise bepinseln.

Die Zwiebel-Spargel-Mischung darauf verteilen.

Getrocknete Tomaten darüberstreuen, salzen und pfeffern.

Für 7–8 min im Ofen backen.

Wer's etwas schärfer mag, legt vor dem Backen noch ein paar Chiliringe drauf!

Danke

Ein besonderes Dankeschön geht an meine Freunde und Co-Schwaben Doris und Jogi, die mir meinen Traum vom eigenen Kochbuch überhaupt erst möglich gemacht haben. Während ich noch überlegt habe, wie und wo man mit so einem Buch am besten startet, haben sie mir schon ein super Konzept vorgelegt, haben mich gepusht und unterstützt. Das hier ist genauso Euer wie mein Baby!

Mein Dank geht auch an meinen Freund und Gast Christian Hamdi, der ohne mit der Wimper zu zucken bereit war, mir die ersten Exemplare zu drucken, während Buchverlage überhaupt erst ab einer bestimmten Anzahl von Social-Media-Followern mit mir sprechen wollten. Christian hat es gereicht, mich zu kennen! Vielen Dank auch an Thomas Wildermuth vom Verlag Edition Wildermuth, dass er das Potenzial unseres Kochbuch-Projekts erkannt hat.

Auch all meinen Gästen des Peperoncino in Son Servera will ich meinen Dank aussprechen. Sie haben all meine kulinarischen Eskapaden mitgemacht und mir ein ehrliches Feedback gegeben, das mir geholfen hat, meine Kreationen zu verfeinern. Das ist unglaublich wichtig für einen Koch. Danke für Eure Offenheit und dass Ihr mir die Möglichkeit gebt, meinen Traumberuf zu leben!

Ich danke meinen Kindern, die mich so ertragen, wie ich bin. Sie sind meine größten Kritiker: Luca, dem kein Knoblauch schmeckt und dem immer etwas einfällt, womit man ihn ersetzen könnte. Alessia, der es in unserem Restaurant immer schmeckt, wenn ich aber zu Hause koche, plötzlich nicht mehr. Daniele, der zurzeit so verrückt nach Trüffeln ist, dass ich bald selbst auf Trüffelsuche gehen muss. Sie bringen mich auf die Palme, aber das ist auch ihr Job. So wie es meiner ist, sie zu ernähren und mir immer wieder neue Rezepte einfallen zu lassen, die nicht selten auch auf unserer Speisekarte landen. Ich liebe Euch! Aber wenn es nach mir ginge, gäbe es täglich nur ein Vesper!

Last, but not least geht mein allergrößter, ganz persönlicher Dank an meine Frau Eni.

Eni, die immer hinter mir steht und die als Erste die Idee hatte, dass ich eines Kochbuchs würdig wäre. Eni, die trotz allem immer da ist. Eni, die jedes Wort von mir abgetippt hat. Eni, die unzählige Male den Laptop wieder schließen musste, weil ich mal wieder anderes zu tun hatte. Eni, die mich auf eine Kreuzfahrt geschleppt hat, damit ich nicht entkommen kann und ihr dieses Buch diktiere. Ohne Eni hätte ich kein Wort auf Papier bekommen, und das hier wäre wahrscheinlich nur ein Hörbuch geworden. Ich danke Dir!

Ein Danke geht auch an Euch, also an alle, die mein Buch gekauft haben. Ich hoffe, es hat sich für Euch gelohnt! Wir sehen uns im Peperoncino!

Euer Giuseppe

TIGNANELLO
TIGNANELLO
ALESSIA

19°

Buon appetito!
Buen provecho!
An Guada!

Impressum

TUTTAVIA

Herausgeber – Restaurant Peperoncino

Giuseppe & Encarna Carbonaro
Plaza San Juan 15
ES-07550 Son Servera, Mallorca
España

www.peperoncino.es

Konzept: D x J

Photography People / Lifestyle / Food Stills: D x J

Art Direction – Marco Gatti

Texte – Oliver Ecke – dreifacher-wort-wert.de

Lektorat – Bärbel Otto – korr-otto.de

Post Production – Thomas Wildermuth – studio-wildermuth.de

Druck – dataform – dataform.group

Verlag und Vertrieb – Edition Wildermuth - Verlag für Kunst und Design

Inh. Thomas Wildermuth
Kirchstraße 65
D-73765 Neuhausen a.d.F.
Germany

www.edition-wildermuth.de

Originalausgabe, 1. Auflage 2022 - ISBN: 978-3-9823271-2-9
Printed in Germany

„Tuttavia"

bedeutet für
mich auch ...

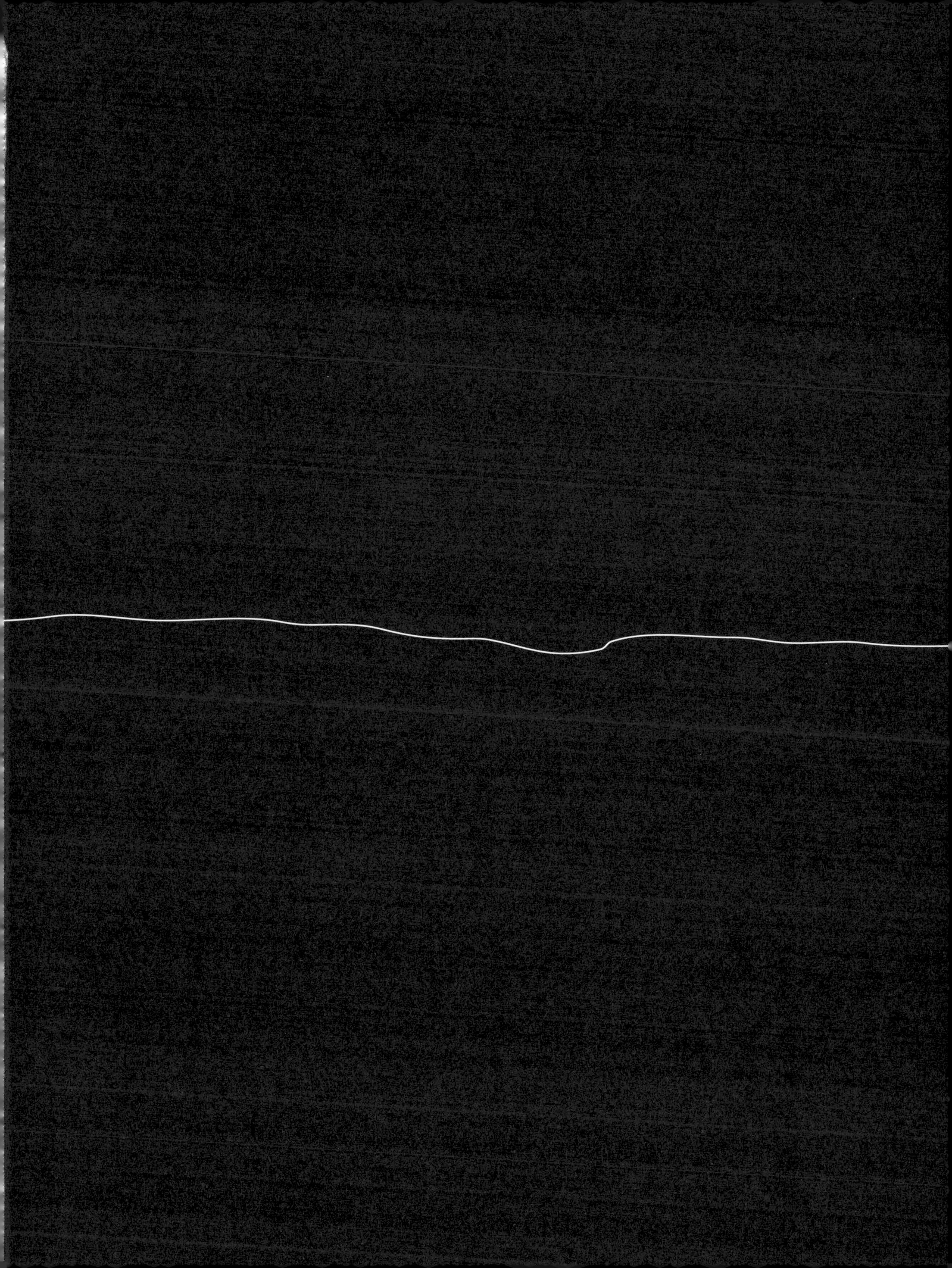

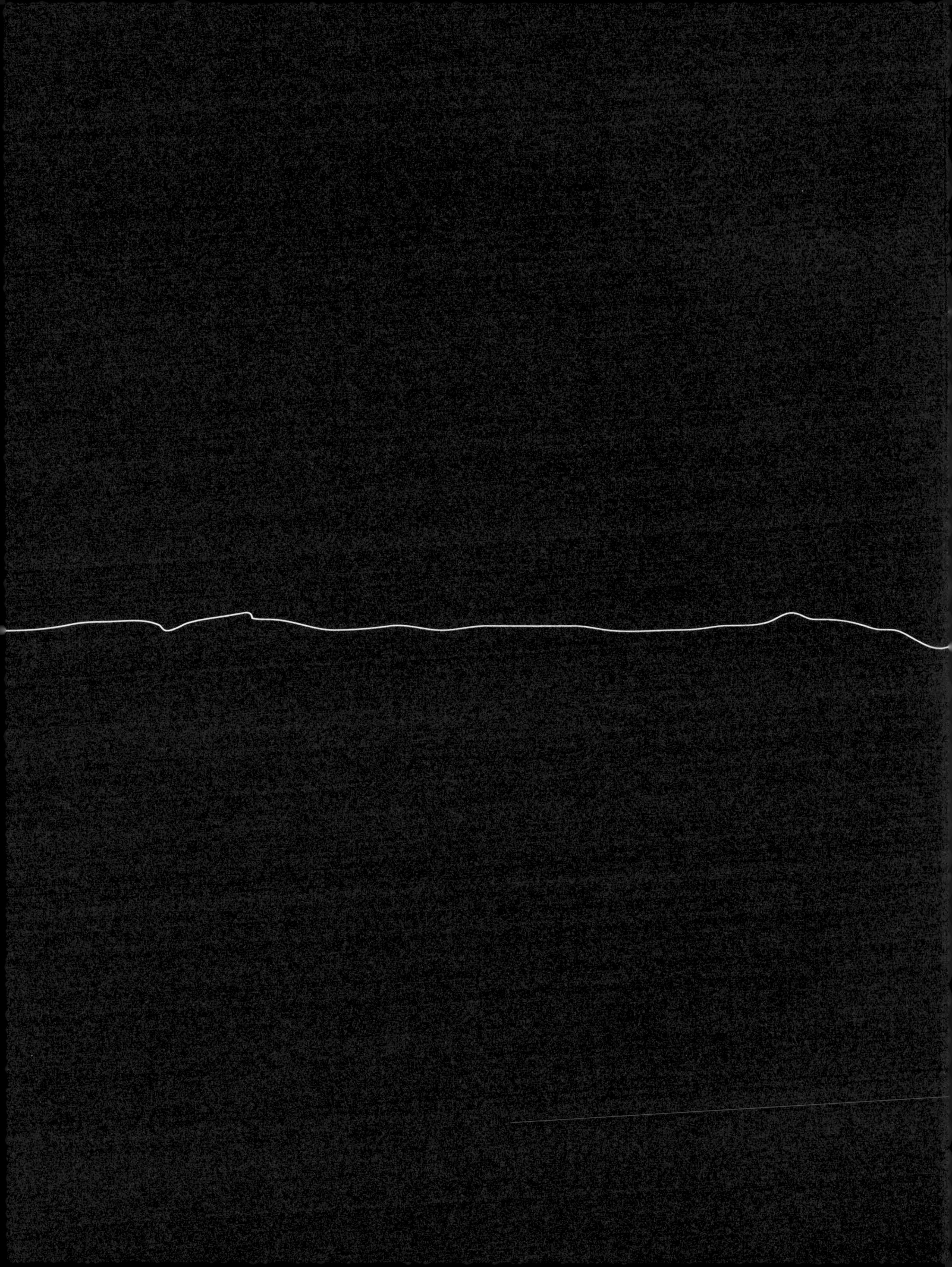